DANS LA MÊME COLLECTION

Nathalie Baranoff-Chestov
La Vie de Léon Chestov I – L'Homme du souterrain.
La Vie de Léon Chestov II – Les Dernières Années.

Bernard Chouraqui
Le Scandale juif ou la Subversion de la mort (2e édition).
Qui est goy ? De Pharaon à Hitler (2e édition).
Jésus le Rabbi de Nazareth (épuisé).
Les Évangiles du XXe siècle, anthologie du Monde-sans-mort.
Le Complexe d'Adam ou l'Inconscient prophétique.
La Terre du meurtre ou les Assassins indirects.
Le Grand Leurre.
La Judéité sauvage.
Du conflit entre Homme et Juif.
L'Implosion du monde.

Paul Nothomb
Les Tuniques d'aveugle.
Les Récits bibliques de la Création (2e édition).
L'Imagination captive.

Jean Rivière
L'Acte errant.
Patience.

Les lecteurs intéressés par les livres de la collection *Vers la Seconde Alliance* sont invités à écrire à Bernard Chouraqui.

Site : http://www.chez.com/bchouraqui
E-mail : bernard.chouraqui@wanadoo.fr

L'ENSORCELLEMENT DU COLLECTIF

OU

LA MALADIE DE L'HOMME

Vers la Seconde Alliance
Collection dirigée par Bernard Chouraqui

DU MÊME AUTEUR AUX ÉDITIONS DE LA DIFFÉRENCE

Le Scandale juif ou la Subversion de la mort (2ᵉ édition).
Qui est goy ? De Pharaon à Hitler (2ᵉ édition).
Jésus le Rabbi de Nazareth (épuisé).
Les Évangiles du XXᵉ siècle, anthologie du Monde-sans-mort.
Le Complexe d'Adam ou l'Inconscient prophétique.
La Terre du meurtre ou les Assassins indirects.
Le Dernier Jugement.
Le Grand Leurre.
La Judéité sauvage.
Du conflit entre Homme et Juif.
L'Implosion du monde.

SUR BERNARD CHOURAQUI (OUVRAGE COLLECTIF)

Bernard Chouraqui, un penseur de l'Inouï.

© SNELA La Différence, 30, rue Ramponeau, 75020 Paris, 2009.

BERNARD CHOURAQUI

L'ENSORCELLEMENT DU COLLECTIF

OU

LA MALADIE DE L'HOMME

ÉDITIONS DE LA DIFFÉRENCE

à Anne Vandenhoute
à Dominique Juncker-Guillouf,
à Rufus

Triste opinion, dit K. ; c'est le mensonge érigé en loi de l'univers !

Franz Kafka

Éden

Éden, balafre du passé,
qui forces les futurs,
pris au piège de la mort
et pourtant si vivant,
tu avances dans le trou de la mort,
et l'astre noir en toi,
désigne la nuit comme un autre soleil
et le jour comme une nouvelle nuit,
toi qui fais rouler la mort
comme un rocher,
devant toi,
sans envers ni endroit,
comme un soleil noir,
voici soudain,
grâce à toi,
qui débarrasses de la mort,
l'autre Soleil.
L'Éden crie,
il crie aux hommes,
qui ne l'entendent pas,
crie,
crie,
crie que l'Éden est là,
qu'il est là depuis le commencement,
qu'il est là depuis toujours et à jamais,

que l'Éden est là, qu'il est là sous la surface,
que mauvaise, très mauvaise est la surface,
parce que gelée, gelée par les hommes gelés,
que bon, très bon,
depuis toujours et à jamais,
bon, très bon,
sous les hommes, sous la surface,
bon depuis le commencement,
est l'Éden.
L'Éden, présent sous la surface,
crie,
crie,
crie,
crie,
son cri traverse les oreilles,
hélas,
hélas,
hélas,
les édéniens, que sont les hommes,
ne l'entendent pas.

Pourquoi cries-tu, Éden, s'ils ne t'entendent pas ? « Ils m'entendent ! Ils m'entendent ! dit l'Éden, mais ils feignent de ne pas m'entendre car ils craignent, s'ils admettent qu'ils m'entendent et que je suis là, le ridicule, étant des édéniens, de s'être changés en hommes ! »

Qu'est-ce que l'homme, Éden ? Qu'est-ce que l'homme ? « L'homme, dit l'Éden, est une maladie ! L'homme est la maladie qui fait disparaître l'Éden ! »

Qu'est-ce que l'homme, Éden, qu'est-ce que l'homme ? « L'homme est l'étoile jaune mise à l'éden ! »

1

L'éden a disparu à l'instant où délaissant le fruit de l'arbre de vie et consommant le fruit de l'arbre de la science du bien et du mal, les édéniens que sont les hommes, succombant à la maladie de l'homme, se changèrent en hommes et provoquèrent la disparition de l'éden, recouvert alors de la maladie de l'homme, qui se projetait à lui. Cependant l'éden est toujours là, il est présent dans le Secret et attend pour se montrer que, guérissant de la maladie de l'homme, les édéniens que sont les hommes, se changent en édéniens.

Guérir de l'homme.

L'éden : un autre élément, un élément tel qu'on n'en rend aucun compte en disant de lui qu'il est un autre élément parce qu'on en fait alors un élément du monde et il est tout, sauf un élément du monde. Il est un indicible, un inconcevable, un impossible. Et cependant il est.

Une réalité a-logique (l'éden) qui échappe à l'« expérience », une réalité a-logique dont on ne peut rien dire, rien penser, seulement ressentir qu'elle est là, conforme aux édéniens que nous sommes et garantit que nous vivons à jamais.

J'avance.
J'avance en aveugle.

J'avance.
J'avance en éden.

Avancer en éden. Qu'importe que nous avancions d'abord maladroitement ? Nous avancerons lestement plus tard. Mais avançons, avançons, avançons en éden ; plus nous avancerons en éden, plus nous susciterons l'éden dans lequel nous avançons et plus nous forcerons les hommes à faire retour à la conscience de l'éden.

2

J'avance.
J'avance en aveugle.
J'avance.
J'avance en éden.

L'homme : la maladie d'un édénien, qui, projetée à l'éden, provoque la disparition de l'éden.

Guérir de l'homme.

L'éden : un élément conforme à notre nature, nous devons, guérissant de l'homme, nous y abandonner et y avancer.

J'avance.
J'avance en aveugle.
J'avance.
J'avance en éden.

« À Prague, un siècle avant Kafka, Jonas Wehle avait rédigé (par l'intermédiaire de son gendre Löw von Hönigsberg) des lettres et des écrits qui ne furent jamais publiés, mais que ses disciples frankistes recueillirent soigneusement par la suite. Il s'adressait aux derniers adeptes d'une Kabbale dénaturée en hérésie, celle d'un messianisme nihiliste qui tentait de parler le langage des Lumières. Il avait été le premier à se poser la question suivante (et à y répondre par l'affirmative) :

lorsque l'homme a été chassé du Paradis, la principale victime de cette exclusion n'a-t-elle pas été, non pas l'homme, mais le Paradis lui-même ? Cet aspect du problème a été décidément beaucoup trop négligé jusqu'à présent » (Gershom Sholem).

Guérir de l'homme.

3

Les Juifs : des guéris de l'homme. Ils ont trouvé l'éden et non seulement ils s'y sont établis mais ils se sont donnés pour tâche de guérir les hommes, de l'homme, en leur faisant trouver l'éden.

J'avance.
J'avance en aveugle.
J'avance.
J'avance en éden.

Pour guérir les hommes, de la maladie de l'homme dont ils s'étaient eux-mêmes guéris, les prophètes juifs ont séparé les Juifs, des hommes et, guérissant les Juifs, de l'homme, en les connectant à l'éden, ont confié à l'éden rendu actif par cette connexion, la tâche de guérir les hommes, de l'homme : ils ont fait des Juifs une énergétique de l'éden, travaillant à guérir de l'homme, les édéniens que sont les hommes.

Guérir de l'homme.

Si les hommes font semblant de ne pas entendre que les Juifs constituent l'Énergétique qui force les édéniens qu'ils sont, à guérir de l'homme, ce n'est pas parce qu'ils n'entendent pas cette révélation mais c'est parce qu'admettre qu'ils l'entendent, les forcerait à admettre qu'ils ont à guérir de l'homme, aveu qu'ils ne veulent faire à aucun prix parce qu'ils se sentiraient ridicules alors d'avoir cru qu'ils sont des hommes.

J'avance.
J'avance en aveugle.
J'avance.
J'avance en éden.

En faisant des Juifs, l'Énergétique qui rend l'éden actif et force les hommes, à guérir de l'homme, les prophètes juifs ont fait de la maladie de l'homme qu'est l'homme, une maladie en voie de guérison.

4

L'homme : en faisant disparaître l'éden, il pose les impossibles et se place sous leur hypnose.

Les impossibles : ils cachent qu'au secret de la maladie de l'homme qu'est le monde, l'éden, dans lequel tout est possible, est toujours là et informe tout.

Tout ce que nous faisons comme hommes, nous le faisons au déni des édéniens que nous sommes, sous l'hypnose des impossibles.

J'avance.
J'avance en aveugle.
J'avance.
J'avance en éden.

La maladie de l'homme : croire que notre volonté est assignée au monde, qui la met en échec, alors qu'elle est assignée à l'éden depuis lequel le monde se révèle fictif et perd son pouvoir, parce que fictif, de mettre en échec notre volonté.

Guérir de l'homme.

Que notre volonté soit mise en échec par le monde, cela signifie que nous n'appartenons pas au monde ; que nous n'avons pas vocation à renoncer à être celui que nous sommes mais que nous avons à l'être pleinement et à échapper au monde.

Que le moi soit, cela signifie que le monde n'est pas, qu'il est voué à disparaître, cela signifie que le conflit entre le moi et le monde doit se résoudre non par la disparition du moi mais par la disparition du monde.

Je veux signifie : je suis ; je suis signifie : je suis à jamais.

J'avance.

J'avance en aveugle.
J'avance.
J'avance en éden.

Si l'éden est présent au secret du monde (et il est présent au secret du monde), tout ce que nous voyons, croyons, pensons, faisons, est suscité par notre croyance erronée que l'éden n'existe pas et développe une fantasmagorie qui s'interpose entre l'éden et nous, et nous cache que l'éden est partout.

Guérir de l'homme.

L'éden. Il nous maintient en vie mais nous ne pouvons pas nous expliquer comment il le fait parce que n'étant pas de ce monde, il ne relève d'aucun « comment ».

J'avance.
J'avance en aveugle.
J'avance.
J'avance en éden.

Nous sommes plus, infiniment plus que ce qu'induisant notre statut, de la maladie de l'homme qu'est le monde, nous croyons être : nous ne sommes pas des hommes, nous sommes des édéniens.

Guérir de l'homme.

L'homme ne se peut que par deux mensonges : 1) Nier qu'il est un édénien, négation qui a pour effet de provoquer la disparition de l'édénien qu'il est et de l'éden où il est. 2) Prétendre, jusqu'à s'en donner l'aspect, qu'il est un homme.

6

Délaisser l'« homme ».

J'avance.
J'avance en aveugle.
J'avance.
J'avance en éden.

« Comment est-il possible qu'un Bororo croie vraiment être un perroquet multicolore alors qu'il ne s'en arroge que quelques attributs criards ? » (Levy-Bruhl). Comment est-il possible qu'un Levy-Bruhl croie vraiment être un homme alors qu'il ne s'en arroge que quelques attributs criards ?

7

Dès l'instant où l'on gobe que l'on est un homme, on gobe tout, absolument tout ; il est tout aussi aberrant de croire que l'on est un homme que de croire que l'on est un perroquet, l'homme n'étant qu'un perroquet, dès lors que, se posant comme homme, il se dément comme édénien.

J'avance.
J'avance en aveugle.
J'avance.
J'avance en éden.

Du point de vue de l'éden retrouvé, qui est celui des prophètes juifs, l'homme est une maladie : l'homme.

Guérir de l'homme.

L'homme s'est pris à son propre piège : à trop prétendre qu'il est un homme, il en a oublié qu'il est un édénien et il s'est mis à croire qu'il est un homme.

J'avance.
J'avance en aveugle.
J'avance.
J'avance en éden.

Tant qu'ils ne se seront pas guéris de l'homme et n'auront pas rejoint les Juifs, les hommes se maintiendront dans la maladie de l'homme.

Guérir de l'homme.

Les hommes échouent à se changer en édéniens et détestent les Juifs, qui réussissent à se changer en édéniens.

8

La maladie de l'homme : elle affecte tous les hommes, qui ne sont hommes au lieu d'édéniens que parce qu'elle les affecte.

J'avance.
J'avance en aveugle.
J'avance.
J'avance en éden.

L'homme : un édénien qui croit l'éden impossible et qui fait de cet impossible son statut.

J'avance.
J'avance en aveugle.
J'avance.
J'avance en éden.

Les intuitions géniales de Don Quichotte : « J'ai résolu cette énigme, ami Sancho, dit enfin Don Quichotte. Ces géants, ces mauvais enchanteurs, étant des puissances du mal, leur armée avait donc aussi ce caractère d'enchantement et de magie. Je suppose que ces armées se composaient d'individus pas tout à fait comme nous par exemple. Ces êtres n'étaient qu'une œuvre de sorcellerie et, selon toute vraisemblance, leurs corps ne ressemblaient pas aux nôtres, mais devaient être analogues à ces corps que l'on voit aux mollusques, aux vers, aux araignées. De cette façon, le glaive solide et acéré que le chevalier tenait en sa puissante main, en s'abattant sur ces corps, les traversait instantanément, presque sans obstacle, comme si ç'eût été de l'air. S'il en est ainsi, rien de plus facile donc que de traverser trois ou quatre corps à la fois et même dix pour peu qu'ils fussent groupés en tas. On comprend bien après cela que l'affaire ne traînait pas, et que le chevalier pouvait réellement en quelques heures exterminer toute une armée de ces larves et autres monstres... »

Guérir de l'homme.

La mer Rouge qui s'ouvre devant les Hébreux, c'est l'éden qui se révèle à eux et les fait échapper à la maladie de l'homme. En quittant l'Égypte, les Hébreux ont échappé à l'homme, ils en ont été guéris. Ce n'est pas la fin de l'esclavage qu'ils déclenchent mais la guérison de la maladie de l'homme, qui affecte tous les êtres.

J'avance.
J'avance en aveugle.
J'avance.
J'avance en éden.

Merveilleuse opinion, c'est la fin du mensonge érigé en loi de l'univers – c'est l'éden, érigé en énergétique – Israël – de l'éden !

9

L'homme : c'est lui qui provoque la disparition de l'éden et la maintenance dans l'état d'hommes – de disparus –, des édéniens que sont les hommes.

J'avance.
J'avance en aveugle.
J'avance.
J'avance en éden.

Les Juifs célèbrent la fête de la Providence (qui commémore leur sortie d'Égypte), dans une baraque en roseaux à l'entrée de laquelle ils inscrivent un 3,14 doublé de l'indication que « 3,14 » (la vérité contraignante des mathématiques) ne signifie plus rien ; que, durant la fête de la Providence, « 3,14 » est un sous-fifre dont il convient de ne tenir aucun compte.

J'avance.
J'avance en aveugle.
J'avance.
J'avance en éden.

L'homme : la maladie qui fait disparaître l'éden.

10

L'homme : il a de lui-même une idée d'autant plus arrogante qu'il ressent qu'elle est faite de la honte qui lui interdit d'être un édénien.

J'avance.
J'avance en aveugle.
J'avance.
J'avance en éden.

L'homme : il croit qu'il est un homme et en est humilié parce qu'il est un édénien.

Guérir de l'homme.

Une alliance entre des êtres ne se peut qu'à la condition qu'ils s'inscrivent à l'intérieur de la métaphore d'une même participation à l'éden.

Plus nous nous abandonnons à l'intuition que nous vivons à jamais, plus nous rejoignons l'édénien que nous avions oublié que nous sommes.

La vie est en chacun la victoire remportée sur la maladie de l'homme.

J'avance.

J'avance en aveugle.
J'avance.
J'avance en éden.

Tout se déroule dans un présent inouï, présent au secret de « passé-présent-futur », qui, bien qu'il semble laisser inchangé « passé-présent-futur », le transmute et fait de lui une énergétique du dévoilement du présent inouï.

11

Le taleth : le châle dont se recouvre le juif pieux pour avancer en éden : tournées vers le sol, ses franges ne désignent pas le sol, métaphore de la maladie de l'homme, mais l'éden, présent au secret du sol.

12

J'avance.
J'avance en aveugle.
J'avance.
J'avance en éden.

Ce que les hommes ne supportent pas, c'est la révolte, et de toutes les révoltes, celle qui leur provoque la plus grande détestation est la révolte contre la mort. Ils ne supportent pas les Juifs parce que les Juifs se sont révoltés contre la mort et ont trouvé un lieu-sans-mort présent au secret de la mort. Un lieu qu'ils occupent et depuis lequel ils forcent les hommes à les rejoindre.

Être ne se peut qu'à la condition de fausser compagnie au verbe « être ».

Guérir de l'homme.

Récupérer la conscience de l'éden.

J'avance.
J'avance en aveugle.
J'avance.
J'avance en éden.

Tant que nous nous réclamerons de l'homme, nous ne ferons que propager la maladie de l'homme.

On se préoccupe de la disparition de l'ours, mais on ne se préoccupe pas de la disparition de l'édénien qu'est l'homme ; l'édénien qu'est l'homme a pourtant bel et bien disparu, à l'instant où il a mangé la pomme.

Comme chaque fois que je termine un livre, j'ai l'impression que je ne pourrais plus jamais écrire ; je sais cependant, pour avoir écrit de nombreux livres, que je n'ai besoin que d'une jachère de quelques mois pour être en état d'explorer le thème qui fera l'objet d'un nouvel écrit.

Admettre, sans en être humilié, de ne pas être toujours traité conformément au prince que nous sommes, tout en restant les princes que nous sommes.

L'homme : un pétrifié que pétrifie la lave qu'il est à lui-même ; et il en ira ainsi aussi longtemps qu'il se maintiendra dans l'état d'homme.

Les pétrifiés (par la maladie de l'homme) que sont les hommes, retrouveront la mobilité à l'instant de l'émergence de l'éden.

La « civilisation » : la production et l'accumulation de quanta de pétrification ; toutes les activités de l'homme, même celles en apparence les plus hautes (l'« art », la « science », la « théologie », la « philosophie », etc.) ne produisent que les quanta de pétrification qui maintiennent l'homme dans l'état d'homme.

La « culture » : l'ensorcellement du collectif, ensorcelé en éden.

La vie : beaucoup plus vaste que la « vie », beaucoup plus vaste que la « mort ».

Guérir de l'homme.

La « méthode » : tout ce qui en nous empêche le miracle.

Croire que la vie est mortelle rend la vie mortelle.

« L'absence est insupportable mais la fausse présence l'est plus encore ; la fausse présence est une mer dans laquelle il est impossible de nager » (Mohsen).

Il est tout aussi impossible d'imaginer qu'aimant, nous ne sommes pas aimés que d'imaginer un cercle carré : l'édénien en chacun se sait aimable et aimé (de tout et de tous) et ne supporte pas que l'homme, qui le recouvre, lui ferme l'accès à cette connaissance.

Tout homme est l'au-delà de celui qu'il croit être.

La « politesse » : l'art de s'approprier la force de l'adversaire.

La *Pensée de l'Inouï*. Elle jaillit du pas fait en éden, elle est ce pas : toujours même, toujours autre.

Croire que les choses ne sont que ce qu'elles sont, rend idiot.

Fous de se ressentir irréels, les hommes ne font que se prémunir de la menace qu'ils sont les uns pour les autres.

13

J'avance.
J'avance en aveugle.
J'avance.
J'avance en éden.

Un seul homme qui se rend réel en trouvant l'éden pèse plus sur le plateau de l'Absolu que des milliards de fantômes.

L'amitié : une alliance conclue dans le Secret.

La maladie de l'homme qui nous fait hommes au lieu d'édéniens nous livre à l'adoration de ce que nous détestons le plus.

La parole inspirée : celle qui ose l'éden.

Poser le moi : la mort se brisera sur le moi comme la vague sur la falaise.

Guérir de l'homme.

Je suis un homme de l'éden retrouvé.

La souffrance fait plus de névrosés que d'inspirés parce qu'il est plus facile de s'enorgueillir d'avoir souffert que d'échapper à la souffrance endurée.

Tous les hommes ont le même visage et le même corps : le même non-visage et le même non-corps qui ne sont qu'une unique pétrification.

L'homme ne se peut que par la folie de croire que l'édénien, qu'il est, n'existe pas et que l'éden, où il est, est impossible.

Fonction de l'idole : transformer l'abondance de l'Origine, en pénurie. Elle distribue les « valeurs », lesquelles sont l'assignation générale à la pénurie.

La Vérité est la Vérité parce que le monde dépend d'elle et non elle, du monde.

La « psychologie » : l'investigation menée sur eux-mêmes (et sur les autres) par des êtres qui ont d'avance admis n'être rien.

La pensée est en train de disparaître : elle était la pire des idoles.

Ce que chacun redoute le plus, c'est que le mensonge dans lequel il est installé soit la Vérité.

Les penseurs qui donnent pour l'ultime, leur échec à trouver l'éden : ils croient parler en notre nom, alors qu'ils ne parlent pas même en leur nom.

S'enorgueillir de ses démissions est le plus efficace moyen de les blanchir.

L'inspiration : non une « pensée » mais une position tenue dans le Secret.

Il est facile de renoncer à l'empire du monde quand on a compris et intégré que le monde est la maladie qui cache l'autre monde ; mais quand on ne l'a ni compris ni intégré, cela est tout simplement impossible.

L'interdit biblique de faire des images : l'impératif de briser le gel, de faire émerger la vie, gelée par les images.

J'avance.
J'avance en aveugle.
J'avance.
J'avance en éden.

« Dans l'un de ses cours, Wittgenstein suggère qu'un système – comme la logique ou les mathématiques – peut rester valide même s'il contient une contradiction. Turing n'est pas d'accord : à quoi bon construire un pont sur des bases mathématiques renfermant une contradiction si le pont risque de s'écrouler. Ce que Wittgenstein réfute : les considérations empiriques n'ont aucun rôle en logique. Turing refuse l'intimidation et continue d'affirmer que le pont risque de s'écrouler » (Paul Strathern).

14

Nous ne relevons de l'« avenir » que parce que nous sommes irréels ; quand nous nous serons rendus réels, l'« avenir » disparaîtra et sera remplacé par la Vie.

J'avance.
J'avance en aveugle.
J'avance.
J'avance en éden.

« Que sont rares ceux qui jouissent pleinement de la seule révélation digne de ceux que nous sommes : rien n'est jamais perdu » (Mohsen).

Vieillir : prendre l'aspect que les gens vous donnent.

Notre chance, c'est que le lieu tient compte de nous même lorsque nous ne tenons compte ni de lui ni de nous.

Les hommes : des édéniens ; leurs comportements : la réaction délirante à la croyance générale, qui les tient sous hypnose, que l'éden n'existe pas.

Le pire qui puisse arriver à quelqu'un est de devenir un impossible pour ses semblables.

Guérir de l'homme.

La transversalité de mon existence s'explique par la conscience que j'ai d'occuper non le monde mais le lieu-sans-mort, présent au secret du monde.

J'avance.
J'avance en aveugle.
J'avance.
J'avance en éden.

Édéniens, nous n'avons pas conscience de l'être parce que l'homme que nous croyons être et ne sommes pas rend inimaginable que nous soyons des édéniens.

Guérir de l'homme.

Il n'y a pas à « faire » ou à ne pas « faire » mais à trouver l'éden et à s'abandonner au bonheur de l'éden.

Tout ce que les anti-Juifs reprochent aux Juifs, les désigne comme l'Énergétique de la guérison de la maladie de l'homme qu'est le monde.

J'avance.
J'avance en aveugle.
J'avance.
J'avance en éden.

La fonction du Juif : 1) Guérir de l'homme, 2) Guérir les hommes, de l'homme.

Les Juifs : des guéris de l'homme.

15

Ce que la Thora a d'extraordinaire : elle guérit de l'homme.

Rien ne nous est plus mortel que l'idolâtrie.

Quand le crime est un crime que tout le monde, même le juge qui instruit le procès de l'assassin, rêve en secret de commettre, il arrive (rarement, très rarement), que les charges qui pèsent sur l'assassin disparaissent sans l'intervention de personne et que l'assassin soit acquitté.

Le Sermon sur la Montagne : un sermon sur les édéniens que sont les hommes ; c'est parce que les hommes ne sont pas des hommes mais des édéniens que se peut un Sermon sur la Montagne.

Guérir de l'homme.

Nous sommes de vieux singes : ce n'est qu'à quelques intimes que nous demandons de nous apprécier ; aux autres, nous demandons seulement de faire semblant de le faire.

Deux sortes d'hommes : ceux qui peuvent attendre, ceux qui ne peuvent pas attendre – les aristocrates et les fracassés.

On entend celui qui flagorne mais on n'entend pas celui qui crie au secours.

Le pire qu'un homme puisse infliger à un autre homme n'est que le pire de la condition humaine.

Il y a deux limites inhérentes à tout contact humain, la première est posée par notre incapacité à repérer l'édénéité des autres, la seconde, par l'incapacité des autres à repérer notre édénéité : elles assignent au malentendu et font de toute société une tour de Babel.

Les hommes : ils travaillent, à rebours de ce qu'ils croient faire, à saturer la pesanteur et à provoquer le dévoilement de la légèreté.

J'avance.
J'avance en aveugle.
J'avance.
J'avance en éden.

La Thora : une thérapie pour guérir les Juifs, de l'homme, avant d'en guérir tous les hommes ; l'homme y est tenu pour la maladie d'un édénien ; plongé dans le milieu de la Thora, l'enfant juif est traité dès sa naissance en édénien à guérir de l'homme. Ce n'est qu'à sa treizième année, lors de sa bar-mitsvah, qu'il peut être considéré comme tout à fait guéri et qu'il peut être dit Juif. Ses parents, qui ont rempli la tâche de le guérir de l'homme en le plongeant et en le maintenant treize ans dans le milieu de la Thora, peuvent considérer alors que leur tâche est remplie et prononcer cette bénédiction : « Loué soit Dieu qui m'a ôté la responsabilité de ce garçon-là. »

16

La Thora : connectant le Juif à l'éden, elle le guérit de l'homme et fait de lui un édénien, évoluant en éden.

L'amitié est comme la foi : elle est ou elle n'est pas.

L'« expérience » : elle dément le miracle de notre singularité, sur lequel tout repose ; elle nous place sous l'hypnose du démenti à ce miracle qu'est l'homme.

On n'est un Vivant que lorsque l'on révolutionne l'« expérience », que lorsqu'on repère, même dans les cadavres, l'énergétique qui travaille à la transmutation des hommes, même les « morts », en édéniens.

La résurrection des morts : la résurrection de toutes les créatures, même les puces.

Guérir de l'homme.

Tout le monde est là et quand nous évoquons les hommes du passé, nous évoquons le présent sous-jacent dans lequel ils sont vivants.

L'homme : quand il ne se flagorne pas directement, il se flagorne par le biais des compliments qu'il vous adresse.

Le moderne : il réceptionne la révélation de l'irréalité des êtres (et du monde), à commencer par la sienne, révélation qui, après avoir eu raison du « nihilisme », se propage partout, mais il n'ose pas la lire.

Ayant établi que tout est égal, parce qu'ils sont la proie du nihilisme qui en annulant tout, équivaut tout à tout, les gens ne soupçonnent pas que tout n'est pas égal du tout : qu'il y a des choses sans la moindre importance et d'autres d'une importance capitale ; qu'il est ainsi d'une importance capitale qu'un Israël existe parce que de l'existence d'Israël dépend le salut de tous les hommes et non pas celui des seuls Juifs.

« Comment surmonter la peur et le meurtre ? En surmontant la peur et le meurtre ! » (Mohsen).

Crier que tout est sauvé, là où tout est perdu.

Étrangeté du verbe « être » qui ne trouve un équivalent en étrangeté que dans le verbe « faire », « faire » étant un déguisement du verbe « être » ; si on fouillait le verbe « faire », on trouverait tous les drames identitaires dont on croyait que seul les abritait le verbe « être ».

Les hommes : ils sont scandalisés par la mort mais ils n'en induisent pas pour autant que la mort est fausse, parce qu'ils se veulent hommes au lieu d'édéniens.

Pratiquer la lecture qui, en intégrant l'éden, provoque la disparition du monde, qui ne se peut que d'occuper la place de l'éden.

Ignorer que tout provient de l'Inépuisable, qui dément la pénurie que propage la maladie de l'homme qu'est le monde, c'est cela l'avarice.

Guérir de l'homme.

Faire exister ce que le monde déclare impossible : la Vie.

J'avance.
J'avance en aveugle.
J'avance.
J'avance en éden.

Même s'ils n'en veulent rien savoir, les hommes ne sont pas des hommes mais des édéniens.

Le paranoïaque a percé l'un des secrets les mieux gardés : les hommes ne se peuvent que par la négation de chacun effectuée par tous. Ils ne sont hommes que tous contre un. Ils ne supportent pas qu'un seul d'entre eux se manifeste comme un unique. Leurs lois ne visent qu'à interdire une telle manifestation, même celles qui semblent établir le contraire ; le paranoïaque repère l'agression non dans la seule agression mais dans le fait qu'étant des hommes, les hommes sont et ne peuvent être qu'agression.

Guérir de l'homme.

Pour mettre fin au meurtre et à la mort, il faut mettre fin à la maladie de l'homme ; pour mettre fin à la maladie de l'homme, il faut transmuter l'homme en édénien.

17

L'« homme » : la maladie qui s'interpose entre l'éden et l'édénien qu'est l'homme et provoque la disparition apparente mais non réelle, de l'éden.

18

Tout échec ne l'est que relativement au non-lieu où il se produit, lequel – parce qu'un non-lieu – n'est pas : tout échec renvoie à un lieu dans lequel tout échec est impossible.

La plupart des penseurs : des mystificateurs.

La crise délivre mais à condition qu'elle soit terrible.

Ce que tu ne veux pas assez, non seulement t'interdit de réaliser ta volonté mais t'interdit aussi d'être celui que tu es.

La honte : le plus grand des faux témoins.

Ferme les yeux et avance. Avance en éden.

Ce qui pour moi exprime le mieux l'Algérie de mon enfance, c'est le culte que les Juifs y rendaient aux livres saints, un culte si fervent que lorsqu'un livre saint n'était plus utilisable, ils le traitaient en être aimé qui vient de mourir et procédaient à ses obsèques ; il y avait, à Tlemcen, à proximité du Tombeau du Rab, un cimetière de livres. Que l'on enterre les livres, qu'on leur rende hommage, qu'on les traite avec piété, rien ne saurait m'émouvoir davantage.

J'avance.
J'avance en aveugle.

J'avance.
J'avance en éden.

L'avare : il a perdu confiance en l'argent et il ne lui reste que l'argent ; il est comme un roi forcé de confier à un régicide le soin de le protéger.

Freud : il blanchit les énigmes. Un négateur de l'éden.

Les petits peuples (petits par le nombre) ne diffèrent des grands qu'en ce que leurs arrière-pensées sont visibles, les grands peuples les déguisent en leur contraire.

La Shoah : elle dévoile que tout est meurtre... et que tous les meurtres sont fictifs.

Le propre de l'homme : non pas la liberté mais la peur du ridicule ; ce que les hommes appellent « liberté » est une peur du ridicule.

La « liberté » (au sens des modernes) : non pas la « liberté » mais la maladie de l'homme dissimulée et se propageant, à l'insu des modernes, qui en sont les possédés.

Le « meurtre » : le non-lieu auquel la maladie de l'homme assigne les édéniens que sont les hommes en les persuadant qu'ils sont des hommes.

La « naissance » : la maladie qui donne l'aspect de l'homme à des édéniens.

Il n'y a rien de plus monstrueux qu'un désir insuffisamment voulu.

Dissocier ce qui nous est bénéfique, de ce qui nous est néfaste : ne jamais confondre la joie d'éden avec les états auxquels la maladie de l'homme nous astreint.

Guérir de l'homme.

Traiter tous les êtres, même les animaux, selon leur nature originelle ; tant qu'on les traite, même avec égard, selon l'état dans lequel les plonge la maladie de l'homme, on les maintient dans la maladie de l'homme.

Même les puces sont des édéniennes.

19

Olivier revient avec deux dorades capturées au harpon. Il est fou de joie. Il allait à la pêche chaque matin et il revenait bredouille. Un pélican l'observait d'un œil malin et se moquait de lui. Le pélican a été consterné quand il a vu les dorades. « Il pleurait de voir que j'avais attrapé d'aussi gros poissons alors que lui-même n'en attrape que de minuscules. Il pleurait, tellement il était vexé ! » me dit Olivier. Olivier songe ensuite qu'en tuant les dorades, il a bafoué la Création et cela le rend morose. Tout pâtit de l'homme : même la sardine à l'huile est un Dreyfus qui n'a pas trouvé de Zola.

20

Terre-de-Bas aux Antilles. Une luminosité extraordinaire. La mer : bien plus bleue, bien plus intense que la Méditerranée. Les poules, les chèvres, les pélicans, les ignames d'un vert émeraude, les cocotiers, les arbres à raisins. Les pécheurs qui ont passé la nuit en mer et qui vendent les poissons encore vivants… Un climat d'une douceur, d'une tendresse merveilleuses. Un paradis. Un arbre cependant : le mancenillier, qui produit de petites pommes, mortelles. Un panneau recommande de ne pas les manger.

21

Les anciens prophètes : en guérissant les Juifs de l'homme, ils ont enclenché la guérison de tous les hommes.

Chacun n'est que lui-même mais un lui-même à l'intérieur de qui il y a la création.

J'avance.
J'avance en aveugle.
J'avance.
J'avance en éden.

La maladie de l'homme rend les hommes si discordants aux édéniens qu'ils sont, que bien qu'ils ne fassent que se targuer d'être des hommes, ils n'espèrent que de leur retour à la conscience de l'éden.

Guérir de l'homme.

Ce qu'il y a de plus ahurissant, c'est que nous naissions.

La rencontre de l'homme et de la femme sera d'autant plus romanesque et romantique au paradis, qu'elle sera délivrée des impératifs calamiteux de la génération.

Les amoureuses déçues ne renoncent pas à l'amour mais au non-lieu dans lequel elles avaient cru que l'amour se pouvait.

Nous ne faisons que tuer et nous continuerons à le faire aussi longtemps que nous ne guérirons pas de l'homme.

Si inexorable soit un assassin, il ne dépasse jamais la condition humaine mais en tuant, la réalise.

J'avance.
J'avance en aveugle.
J'avance.
J'avance en éden.

Les hommes « font » parce qu'ils ne sont pas ; quand ils seront, ils n'auront plus besoin de « faire » et ils seront rendus à leur excellence.

L'état d'homme est si contraire à notre nature que nous le ressentons secrètement comme la promesse que nous sommes voués à un autre état que l'état d'homme.

Les cadavres nous fascinent parce qu'en démentant l'état d'homme, ils nous confirment secrètement que nous sommes des édéniens.

Si les communistes défilent devant la momie de Lénine, c'est parce que, démentant l'état d'homme de Lénine, la momie de Lénine leur confirme que, tout comme Lénine, ils ne sont pas des hommes mais des édéniens.

Primo Levi. Il manque la révélation que les hommes, même les nazis, sont des édéniens, en les assimilant à une « zone grise » qui les fait disparaître comme édéniens et leur donne l'aspect, grisâtre, de la maladie de l'homme qu'est le monde : il n'y a pas de « zone grise » mais des édéniens ensorcelés au « gris ».

Rabbi N'ahman : « Je sais qu'il existe une sagesse qui ne peut être dévoilée. Si je devais révéler cette sagesse, les gens pourraient se nourrir du délice de sa compréhension. Ils ne consommeraient plus ni nourriture ni boisson. Chaque âme aspirerait à entendre cette sagesse. Ils abandonneraient la vie. Mais je ne peux révéler cette sagesse à l'espèce humaine. »

Quand tout sera accompli, il se dévoilera qu'il n'y avait que des édéniens.

Prier, c'est trouver Dieu là où on l'y a mis.

Ayant faussé compagnie à la génération, je n'avais nul besoin de me défausser dans une progéniture. J'en acquis cette capacité à vivre sans avenir que m'envient les pères de famille.

Guérir de l'homme.

Ce que l'homme a de terrible, c'est qu'il ne nomme jamais le Terrible.

« Mais celui qui estime si peu son prochain qu'il lui fait honte publiquement – non par ignorance du grand péché ou parce qu'il a été entraîné par la passion, mais par principe parce qu'il l'a en piètre estime – celui-là témoigne par là qu'il ne croit pas à la ressemblance de l'homme avec Dieu et qu'il ne reconnaît pas la valeur sublime de l'âme humaine » (Pirkei Aboth).

L'Épreuve dans la Bible hébraïque : non pas l'estimation morale que Dieu fait de quelqu'un mais l'estimation de son potentiel. Aucun jugement moral.

« Deux hommes se trouvent face à face avec un lion affamé. Celui qui sauve sa peau n'est pas celui qui court plus vite que le lion, c'est celui qui court plus vite que son compagnon » (J.-P. Dupuy).

Je n'écris pas pour écrire mais pour me maintenir connecté à l'éden.

La « naissance » : réalise-t-elle notre nature ou la contredit-elle ? Est-elle une monstruosité que nous n'identifions pas parce que nous croyons, de foi fausse, que nous sommes faits pour naître ? Existons-nous, bien que nous « naissions », par-delà la « naissance » ?

On n'échappe au nihilisme que par la connaissance que même nos échecs font partie du moment de l'émergence de l'éden qui, à chacun instant, s'accomplit dans le Secret.

« Il m'arrive de pleurer sur les misères – toutes les misères ! –, inventées et voulues par les hommes, métaphysiques, à mon sens » (Mohsen).

Le choix, antérieur à notre naissance, que le collectif fait du monde, qui provoque la disparition de l'éden et substitue le monde à l'éden, ne nous est pas constatable car en apparaissant, le monde fait de l'éden, dont il occupe la place, un impossible : en faisant de l'éden un impossible, le monde fait également un impossible, de la réapparition de l'éden, que provoquerait un choix opposé au choix qu'est le monde ; sauf à récuser le monde, nous ne pouvons vouloir que dans les limites du monde, qui ensorcelle notre volonté et nous ne pouvons ni concevoir ni activer la Possibilité inouïe, qui nous rendrait à l'éden.

22

Je me sens proche des penseurs modernes parce qu'ils ont tenté de trouver l'éden (Nietzsche, Dostoïevski, Kafka, Chestov, Wittgenstein...) mais je diffère d'eux parce que j'ai trouvé l'éden et ils ont échoué à le trouver ; ils ont échoué à guérir de la maladie de l'homme, qui s'interpose entre l'éden et eux, et ils la propagent tandis que je m'en suis guéri.

J'avance.
J'avance en aveugle.
J'avance.
J'avance en éden.

Le difficile n'est pas de vivre ses rêves mais de vivre ses éveils.

On se réjouit d'échapper au pire mais on ne songe guère qu'échapper au pire fait partie du pire.

On échappe à l'hypnose de la mort quand on repère en elle non un « néant » mais un mystère ; tant que l'on voit en elle un « néant », on n'a pas affaire à elle mais à l'idée qu'on s'en fait ; idée qui, cachant qu'elle est un mystère, cache qu'elle est la maladie de l'homme, attrapée par l'homme en éden.

Une révélation sur le monde, fictif – la maladie de l'homme – qui, parce que fictif, devra disparaître ; il y aura une terre nouvelle et un ciel nouveau parce que la terre et le ciel actuels sont des fictions.

Ce n'est pas le « résultat » mais l'audace, qui compte ; l'audace réussit toujours, elle réussit même quand elle échoue.

La Vie : une terre inconnue dans laquelle il n'y a personne parce que, certain qu'elle n'existe pas, personne ne tente de la trouver.

Les hommes ne font que fuir la Vérité, si par accident, ils la rencontrent, ils font tout pour l'anéantir : honteux et faisant tout pour l'anéantir, ils ne la reconnaissent pas moins par là, au secret d'eux-mêmes.

À propos de quelqu'un qui magnifie exagérément sa vie, elle a ce mot : « Il rêve sa vie ! »

Rabbi N'ahman : « Car notre sainte Thora renferme aussi bien la vie que la mort. Il est écrit (Deut. 4, 44) : « Ceci est la Thora que Moïse a placée. "Placée" est exprimé en hébreu par "sam", qui signifie à la fois médicament et poison. Le Talmud dit que la Thora est un médicament qui donne la vie à celui qui en a le mérite et un poison mortel à celui qui en est indigne. »

Guérir de l'homme.

Les gens sentent qu'ils ne sont pas qui ils sont ; ils fument, même quand on leur explique que fumer donne le cancer parce qu'ils sentent que fumer donne le cancer non à eux mais aux fantômes qui tiennent leur place.

L'homme : un instable qui se rassure en se donnant la maladie de Parkinson.

La maladie précipite Leopardi par-delà maladie et santé et lui révèle que ni la santé ni la maladie ne rendent compte de son moi unique ; elle le précipite par-delà son corps et fait de lui un évadé du corps.

« Les rois ne naissent pas, ils sont le produit d'hallucinations artificielles » (Bernard Shaw).

Plus la fictivité du monde se dévoile, plus les conflits territoriaux deviennent visiblement des conflits mentaux.

L'homme : il convertit le renoncement à l'éden en énergie et ne va pas là où il veut aller mais là où le renoncement à l'éden le force à aller.

Si les hommes ne réussissent pas, c'est parce qu'ils croient impossible de réussir.

L'homme : une maladie. Qui fait perdre toute conscience aux hommes qu'ils sont des édéniens.

La révélation hébraïque : l'enclenchement de la guérison de tous les hommes, malades de l'homme.

Rien ne nous abuse plus que de croire que 2 et 2 font 4.

Chaque meurtre participe de la maintenance de tous les hommes dans la maladie de l'homme.

La fin : la réapparition des morts, jaillissant des catacombes.

Les hommes seraient-ils tous convertis à la non-violence, cela ne changerait pas un iota au fait que la violence serait partout parce qu'étant des hommes, ce sont des violents même lorsqu'ils tendent l'autre joue.

Réactiver l'édénien que l'homme en nous pétrifie.

« Puisqu'en ne donnant pas l'être à ce rien, je le mets dans un état pire que la mort, je suis plus coupable de ne le pas produire que de le tuer » (Cyrano de Bergerac, *Histoire comique des États et des Empires de la zone et du Soleil*). Non ! Les gens ne font pas des enfants pour ne pas commettre le crime, pire que le meurtre, de « ne pas donner l'être à un rien », mais pour aller jusqu'au bout de l'ineptie qu'est la génération et atteindre le point où cette ineptie se révélant à eux, ils seront comme forcés, éteignant la génération, de se changer en édéniens. Ils ne font pas des « enfants » (ainsi qu'ils le croient) parce qu'ils veulent que dure la génération, dans laquelle ils se projettent à travers leurs enfants, mais pour une raison tout opposée, qui leur échappe : pour éteindre la génération (et la mort) et provoquer l'émergence de l'éden.

Que personne ne repère le scandale qu'est la « naissance », cet aveuglement est l'image de la folie générale ; guéris de cette folie, les hommes feraient tout pour éteindre la « naissance », au lieu de la propager.

23

J'avance.
J'avance en aveugle.
J'avance.
J'avance en éden.

Le Dieu de la Bible tient compte de chacun, il est Dieu parce qu'Il tient compte de chacun.

La révélation hébraïque. Parce qu'elle semble se confondre avec l'Histoire, elle prend l'aspect d'un jugement ; mais provoquant le dévoilement de l'éden depuis l'éden, d'où elle jaillit, dans lequel il ne saurait y avoir de jugements, elle n'a à voir ni avec l'Histoire ni avec les jugements.

N'ont-ils pas honte, soixante ans après la Shoah, d'accuser de tous leurs malheurs, ainsi qu'ils le font, le si petit peuple juif (13 millions de membres) ? Oui, ils ont honte et leur haine des Juifs est cette honte.

L'« assassin » : quelqu'un qui a commis un acte (un meurtre), absurde parce que ne correspondant en rien à sa nature d'édénien qui le fait un avec sa victime ; son drame est d'être tout sauf un assassin.

La connexion au Divin qu'est la foi, est infime mais sa puissance est sans limite, étant celle du Divin.

J'ai débouché sur une caverne d'Ali Baba et j'en suis tout à la fois ébloui et ébahi ; de livre en livre, j'explore la caverne merveilleuse dans laquelle sont présents et intacts tous les trésors que l'on avait crus perdus. Absolument tous.

Rabbi N'ahman : « S'il était permis à l'âme d'un seul défunt de rendre visite à une assemblée de philosophes au beau milieu de leurs spéculations, ce serait la fin de leurs enseignements. »

Guérir de l'homme.

Les hommes sont jaloux des Juifs parce qu'ils sont plongés dans la honte de ne pas oser occuper l'éden, que les Juifs occupent.

C'est là où le Divin n'est pas qu'est le Divin.

J'ai été saisi par le Divin, j'ignore où Il me mène mais je sais qu'Il m'enveloppe d'une merveilleuse bénédiction.

Ce qu'un homme peut faire de mieux, c'est confirmer les autres dans ce qu'ils ont de meilleur.

« Lorsque vous essayez de prendre une décision, ne vous mettez jamais dans la peau de l'autre car c'est le plus sûr moyen de commettre une terrible erreur » (Staline).

Si les gens n'étaient pas fourvoyés, ils ne s'acharneraient pas à « faire des enfants » mais à « dénaître ».

Toute ma vie, je n'aurais fait qu'approfondir l'intuition de l'inéluctabilité de l'émergence de l'éden.

La transmutation de la pesanteur en légèreté est le seul événement.

Plus mon écriture manifeste que je suis un édénien, plus elle se simplifie.

La disparition des proches ne doit pas nous amoindrir mais nous densifier : nous faire ressentir que bien que n'étant plus que nous-mêmes, nous n'en sommes pas moins Un en éden avec nos disparus.

Les hommes ne trouvent pas l'éden parce qu'ils ne le cherchent pas, ils ne le cherchent pas parce qu'ils admettent de ne vivre que pour naître, tuer et mourir.

Il est impossible de conserver la moindre confiance dans les hommes dès lors que l'on a compris qu'ils ne sont hommes au lieu d'édéniens que parce qu'ils sont atteints de la maladie de l'homme qui fait d'eux des assassins directs ou indirects.

En oubliant que nous sommes des édéniens et en croyant que nous sommes des hommes, nous évacuons toute possibilité de nous guérir de l'homme.

24

On découvre le lieu en se vidant de l'émotivité de la mort, qui fait accroire que le monde est réel et qu'il n'y a rien par-delà lui, tandis que le monde est irréel et que le lieu-sans-mort est présent en son secret.

Même l'émotivité à laquelle assigne la croyance que le monde est, n'est pas.

Même le désespoir est vide de désespoir, étant l'hystérie de l'édénien ensorcelé qu'est l'homme.

Toutes les guerres tendent à devenir des guerres civiles, personne ne supportant la révélation post-moderne que même ses proches ne sont que des fantômes.

Il n'y a pas, il n'y a jamais eu de « devenir » ; tout se passe dans un unique instant qui est une unique pétrification.

Dostoïevski et Nietzsche : ils manquent *la Pensée de l'Inouï*, Dostoïevski parce qu'il enferme l'éden dans les limites du rêve d'un homme ridicule, Nietzsche parce qu'il manque l'édénien qu'il est, par-delà le « surhomme ».

Atteint de la maladie de l'homme, l'homme ne peut pas en guérir parce que, mortellement humilié d'en être atteint, cette humiliation lui interdit d'admettre qu'il en est atteint et d'entreprendre d'en guérir.

Beveniste : « Quelle est donc la réalité à laquelle se réfère je ou tu ? Uniquement une "réalité de discours", qui est chose très singulière ; je ne peux être défini qu'en termes d'objet, comme l'est un sujet nominal. Je signifie "la personne qui énonce la présente instance de discours contenant je". » En faisant du moi une créature induite du monde, le langage fait du moi un fantôme. Beveniste est prisonnier de la toile d'araignée du langage, de laquelle sont prisonniers les hommes de toutes les cultures, parce que tout comme ceux-ci, il s'induit du monde, qui fait de lui un fantôme, au lieu de récuser le monde. Eût-il récusé le monde en posant l'édénien qu'il est, il eût abandonné le langage, qui fantomatise, pour la prophétie, qui rend réel.

Rabbi N'ahman : « Personne n'est opposé à moi. Ils sont simplement opposés à une personne qui fait les choses qu'ils imaginent et ils ont raison de s'y opposer. »

On devrait remplacer les codes civils par des traités d'éden. Mais l'éden est l'éden de n'être réductible à aucun traité.

« Il y a autant de "tous" différents qu'il y a de "un" différents » (Wittgenstein).

Aimer les « autres » : aimer des fantômes, sauf à les changer en édéniens.

Quel abîme sépare ceux qui parlent du feu sans y être allés, de ceux qui sont dans le feu.

Tout homme, même le pire, est potentiellement le salut de tous les autres.

Rabbi N'ahman : « S'il se trouve un défaut dans un seul Juif, il se trouve aussi une imperfection dans la Thora. »

N'admettre que 2 et 2 font 4 qu'au motif qu'ils feraient tout aussi bien 5 ou 6 ou 12 ou 100 ou n'importe quel nombre (ou pas de nombre du tout). Dès lors qu'on admet que 2 et 2 font 4 et ne peuvent pas faire autre chose, on adore la pesanteur et on ne peut plus que tuer et... mourir.

L'homme : son drame n'est pas d'être « tragique » mais irréel.

Les Juifs. En levant le tabou de l'éden, ils guérissent la maladie de l'homme.

Tout ce que nous croyons perdu, ne l'est que dans le monde, qui n'est pas, et est sauf par-delà le monde.

Les gens ne s'émeuvent qu'à des Job hilares ; il faut leur annoncer qu'on a perdu quelqu'un avec le fou rire.

Guérir de l'homme.

Chaque homme est à lui-même et aux autres un fantôme. Difficile dans ces conditions de s'abandonner, dans toute sa splendeur, à l'amour du prochain.

« Dans leur étude sur les Dakarois, M. C. et Ed. Ortigues nous apprennent que pour les jeunes Dakarois, il n'est pas question de faire des projets, d'inventer quoi que ce soit, de "réparer" par la créativité une culpabilité qui n'a jamais été intériorisée. Il n'est question que de se donner à regarder. Par exemple on dira que l'on veut porter de beaux vêtements, que l'on veut avoir une belle situation, mais l'activité précise, dans le métier que suppose la bonne situation ou l'acquisition de beaux vêtements, est peu considérée par elle-même » (Jacques Goldberg).

Les hommes sont ce qu'ils ignorent.

Notre caractère joue un rôle bien plus important que l'intérêt ; il détermine les conditions d'existence qui nous sont indispensables et subordonne nos intérêts.

Inondations, tremblements de terre, cyclones, éruptions volcaniques, épidémies, etc. : la maladie de l'homme.

L'« Humanité » : quelle mystification ! Quelle inimaginable mystification !

25

J'avance.
J'avance en aveugle.
J'avance.
J'avance en éden.

Tout homme est caractérisé par son potentiel de meurtre. C'est ce potentiel qui rend possible la société, même le plus pacifique des citoyens n'a d'existence sociale qu'à proportion des meurtres qu'il commet ou est capable de commettre.

Staline tue tout aussi facilement que les citoyens ordinaires disent bonjour et l'on en induit qu'il y a un abîme entre Staline et les citoyens ordinaires. Conclusion hâtive : dans les innocents bonjours qu'ils échangent, les citoyens, parce qu'ils acceptent placidement la terre du meurtre qu'est la terre, génèrent du meurtre. Pour obtenir son pouvoir de tuer, Staline ne fait que s'approprier et utiliser à son propre compte, les doses de meurtre qu'en se disant bonjour tout en admettant la terre du meurtre, génèrent les citoyens.

Abandonner la distinction entre « braves gens » et « assassins » : les « braves gens » ne font que tuer, tout comme les assassins.

Seul le positionnement en éden, qui révèle l'irréalité du meurtre en révélant l'irréalité du monde, dans lequel le meurtre a été commis, met le meurtre en échec. Partout où ils manquent le positionnement en éden, c'est-à-dire partout, les hommes ne font que tuer, étant hommes au lieu d'édéniens parce qu'ils ne font que tuer.

La pandémie de la mort... fictive.

Au secret de tout, il n'y a pas le « néant » mais l'éden.

« Quand le but est atteint, tout le reste est manqué. » Non ! Quand le but est atteint, tout est atteint.

Un lecteur (dont je suis la suggestion) me suggère de laisser dans mes livres quelques aphorismes des livres précédents, pour indiquer que la *Pensée de l'Inouï* est circulaire, qu'elle répète indéfiniment le même motif, qu'elle n'est pas une « pensée » mais une... avancée.

L'homme : la maladie qui recouvre le paradis.

Il n'y a pas de « classes », il y a l'équivalence des fantômes que constitue toute société.

Romain Gary. Il bouffonne parce qu'il sent qu'il est ridicule, étant un édénien, de croire qu'il est un homme.

« La vie est peut-être belle mais on ne l'a pas encore trouvée et en attendant, il faut bien vivre » (Romain Gary).

L'interprétation morale de la Bible hébraïque est le pire contresens à commettre sur elle : elle désigne le territoire qui se révèle quand le bien et le mal ont été abrogés et qu'a été fait retour à l'arbre de vie.

Quand Il « éprouve » quelqu'un, le Dieu de la Bible fait l'estimation non de ce qu'il est mais de ce qu'il peut : Il ne le juge jamais. Dieu est tout, sauf un juge. On n'entend rien au

Dieu biblique si l'on n'entend pas qu'Il révèle un lieu dans lequel tout est possible parce que tous les jugements y sont abrogés.

Tout homme, parce que « mortel », démontre l'inanité de l'histoire universelle ; mais personne n'admet une telle information qui rend tout ridicule.

Guérir de l'homme.

« Si tu peines à trouver le sommeil, pense à la résurrection des morts » (Pirkei Aboth).

Ne confonds pas l'incandescence de l'édénien qu'est l'inspiration avec l'incandescence de l'homme qu'est l'ambition.

Nous avons peu de regrets, voire aucun, nous subodorons que tout ce que nous regretterions d'avoir manqué serait indigne de nous parce que susceptible d'être manqué et occupe la place de merveilles qui, elles, ne pourront pas être manquées ; se défaisant comme regret, tout regret, ainsi, se transmute en nous en l'attente de merveilles.

Les hommes : des édéniens ensorcelés par la croyance que l'éden, où ils sont, n'existe pas.

La mauvaise femme : elle ne se pardonne pas de ne pas oser être une édénienne.

Faust croit avoir le choix entre Marguerite et la science mais il se trompe : une Marguerite assignée à la vie-mortelle et une science qui ne récuse pas la vie-mortelle font également manquer la véritable vie qu'est la vie-sans-mort. Faust est l'exemple du savant moderne qui choisit la vie-mortelle et rejette la vie-sans-mort, qu'il choisisse la « science » ou « Marguerite », parce qu'il ne conçoit pas que la vie-sans-mort puisse être là. En présentant comme étant deux options

(« Marguerite », la « science »…) une unique option de mort, Faust escamote la possibilité inouïe qu'est la vie-sans-mort ; c'est parce que tout comme Faust, il choisit la vie-mortelle au lieu de choisir la vie-sans-mort, que le savant moderne ne fait par ses découvertes qu'activer la vie-mortelle.

Dissoudre les impossibles.

26

Le bien et le mal : nos points aveugles sur l'éden, qu'ils érigent en impossible, tandis que l'éden est présent par-delà eux. Aller par-delà tout par-delà et trouver la vie que ni bien ni mal ne subordonnent.

Le par-delà le bien et le mal de Nietzsche n'est qu'un bien et un mal ; le véritable par-delà le bien et le mal, manqué par Nietzsche, est un par-delà le « néant », dont Nietzsche ne soupçonne pas qu'il est un leurre parce qu'il ne soupçonne pas qu'il est une création du bien et du mal ; par-delà le bien et le mal, il n'y a pas le « néant » mais l'éden.

J'avance.
J'avance en aveugle.
J'avance.
J'avance en éden.

En « faisant des enfants », les femmes font durer une histoire qu'elles n'aspirent secrètement qu'à éteindre car elle consacre leur irréalité.

« Faire des enfants » : contaminer des édéniens à la maladie de l'homme.

Plus les hommes croient qu'ils sont des hommes, plus ils oublient qu'ils sont des édéniens.

Il n'y a rien de pire que le toréador qui prend sa cape pour un taureau.

Elle n'a qu'un défaut mais rédhibitoire : elle est amoureuse folle d'elle-même.

L'éden : présent en chacun. Un immense réservoir de vie. De vie-sans-mort.

Ce que tu veux à cent pour cent se réalise toujours, fût-ce monstrueusement.

Ne pas blanchir le Meurtre mais l'exposer ; l'exposer jusqu'à ce que, ne le supportant plus, les hommes le suppriment.

Un tireur aux aguets ne manque jamais sa cible, un tireur assoupi la manque toujours.

L'homme ne suffoque pas parce qu'il manque d'espérance mais parce qu'il est habité d'une espérance trop grande pour lui ; ce n'est pas le gaz carbonique mais le trop d'oxygène qui l'asphyxie.

Le caractère miraculeux de l'exploit ; l'exploit est la participation au Secret ; marcher sur la lune, c'est marcher sur l'eau.

Guérir de l'homme.

Il a tellement vieilli que je le lui signale, il me répond qu'il est normal de vieillir !

« Lorsque je vous dis quelque chose, les mots peuvent n'avoir d'effets que bien plus tard. C'est la même chose qu'un médicament. Certains remèdes agissent immédiatement alors que d'autres doivent demeurer dans le corps quelque temps avant de produire un effet » (Nathan de Braslav).

J'avance.
J'avance en aveugle.
J'avance.
J'avance en éden.

L'homme : un édénien malade de l'homme.

Si vous voulez vous débarrasser de vos jaloux, dites que vous êtes un hippopotame ; ne pouvant plus se comparer à vous, ils cesseront de vous jalouser.

Guérir de l'homme.

« Ne t'ai-je pas défendu ? » demande Don Quichotte au gueux qu'il vient de défendre, qui se retourne contre lui : « Oui, mais il y a longtemps ! » répond le gueux.

Les peuples déracinés ont de l'humour, les autres n'ont que de l'ironie.

L'antisémitisme : la plus aiguë des manifestations de la maladie de l'homme.

L'humour : il présuppose un autre monde, présent au secret de celui-ci.

Quand elle dit du bien de moi, elle me fait l'effet d'une guillotine disant du bien d'un cou.

Unité de tous les hommes en éden, que la maladie de l'homme ne peut pas entamer.

« Les gens gagés » : l'expression pour désigner les zombis dans le vaudou.

Les événements : se produisant en éden, dans lequel tout est possible, ils échappent au monde, qu'ils mettent en scène et ils cesseront d'être et d'avoir été, à l'instant où la maladie de l'homme qu'est le monde se dissoudra en éden.

L'homme : le comédien qui possède le talent de faire oublier qu'il est sur un théâtre, jusqu'à l'oublier lui-même.

Il est compréhensible que les hommes s'habituent aux privilèges : ils sont faits pour le privilège suprême qu'est le paradis.

Les hommes : ils ont besoin de la thérapie qu'est Israël, qui les guérit de l'homme.

La maladie de l'homme : une pandémie en éden.

27

La maladie de l'homme médiatise tous les rapports humains ; quand ils croient avoir affaire les uns aux autres, les hommes ont affaire aux fantômes que fait d'eux la maladie de l'homme, ce pourquoi, malentendu et violence règnent partout.

J'avance.
J'avance en aveugle.
J'avance.
J'avance en éden.

Qu'est-ce qui en l'homme échappe à la maladie de l'homme ?

Guérir de l'homme.

Trouver et activer, au secret de tout homme, le point qui échappe à la maladie de l'homme.

28

J'avance.
J'avance en aveugle.
J'avance.
J'avance en éden.

Adam n'a tué personne mais en faisant disparaître l'éden, il a plongé les hommes dans la maladie de l'homme ; leur faisant accroire que l'éden n'existe pas tandis qu'ils y sont, elle ne leur laisse – sauf à retrouver la conscience de l'éden –, aucune autre possibilité que le meurtre parce qu'étant des édéniens, croire que l'éden n'existe pas, les rend fous.

J'avance.
J'avance en aveugle.
J'avance.
J'avance en éden.

Le meurtre n'est pas à lire depuis le premier meurtre mais depuis le moment – après qu'Adam a provoqué la disparition de l'éden et avant que le premier meurtre ait été commis – de la disparition de l'éden, due à l'absorption de la pomme : depuis le moment où, croyant que l'éden n'existe pas et rendus fous par cette croyance, les édéniens que sont les hommes ne peuvent plus que tuer.

Si on échoue à lire le meurtre comme l'effet de la croyance que l'éden n'existe pas, suscitée par la disparition de l'éden, on perd toute possibilité de repérer et de guérir la maladie de l'homme que constitue la croyance que l'éden n'existe pas et de provoquer, avec le retour des hommes à la conscience de l'éden, la fin du meurtre et la réapparition de l'éden ; c'est cet échec qui caractérise les « cultures », qui, ne concevant pas l'antériorité au meurtre qu'est la disparition de l'éden, font du meurtre la cause de lui-même et le lisant selon un bien et un mal, partagent les hommes en « bons » et en « mauvais », ségrégation qui, fixant les hommes dans la maladie de l'homme, rend inimaginable qu'ils soient des édéniens.

29

Dès lors qu'on pose les hommes comme hommes au lieu de les poser comme édéniens, on fait d'eux des tueurs potentiels ou effectifs – des « hommes », des « femmes » –, parce qu'on ne peut plus supposer que bien qu'ils ne fassent que tuer, ils ne le font pas parce que c'est leur nature mais parce que la disparition de l'éden, que rend définitive leur croyance que l'éden n'existe pas, les a plongés dans un état – la maladie de l'homme –, contraire à leur nature.

Guérir de l'homme.

Un tribunal ne se peut que parce qu'il fait de tous les hommes, des assassins effectifs ou potentiels ; il ne se peut que parce qu'il place tous les hommes et non pas le seul assassin, sous le statut d'assassins, en les plaçant sous le statut d'« hommes ».

Les jugements rendus par les tribunaux devraient résulter d'une double estimation : 1) De l'estimation du degré de gravité de la maladie de l'homme qui affecte le criminel qui, en lui imposant la croyance que l'éden n'existe pas, ne lui laisse d'autre alternative que le meurtre. 2) De l'estimation du degré de contagion, du crime commis par le criminel.

À « cet assassin est un monstre parce qu'il a commis un crime monstrueux », substituer : « cet assassin n'est pas un monstre parce qu'il a commis un crime monstrueux ».

Nous avons choix entre deux options : poser que les hommes, même les meilleurs, sont des assassins par nature ; poser que les assassins, même les pires, sont des édéniens malades de l'homme.

Tout homme doit rejoindre la connaissance que l'éden est présent au secret de la maladie de l'homme qu'est le monde ; « juge » ou « assassin », il n'est qu'un malade de l'homme – un « homme » –, tant qu'il n'a pas rejoint cette connaissance.

Être Juif : poser les assassins et avec eux tous les hommes, non comme hommes mais comme édéniens à guérir de l'homme.

30

La « civilisation » : la maladie de l'homme.

J'avance.
J'avance en aveugle.
J'avance.
J'avance en éden.

L'assassin sait secrètement qu'il ne relève pas d'un tribunal parce qu'il sait tout aussi secrètement que l'éden étant présent au secret du monde, eût-il tué tout le monde, il n'a tué personne.

Un simple revolver dans la main et voici que tous les êtres autour de vous, deviennent des cadavres virtuels, plus même : les voici voués à la cadavérisation, que vous les tuiez ou non.

Dieu. Il est dans l'homme, mais Il n'a, de par sa nature, rien à voir avec l'homme.

Chercher et trouver ce qui est bon non seulement pour soi mais aussi pour tous.

Guérir de l'homme.

Les grandes découvertes : elles ne sont pas faites par ceux qui cherchent à les faire mais par ceux qui cherchent leur excellence.

Plus le Meurtre devient lourd, plus la Mort devient légère : c'est ainsi que nous n'avons pas toujours affaire au même monde, qui change à notre insu, à chaque instant, bien qu'il semble être toujours le même.

Le Divin s'est emparé de moi en ma vingtième année et Il me souffle mes écrits.

J'avance.
J'avance en aveugle.
J'avance.
J'avance en éden.

Les hommes n'admettent pas les Juifs et font tout pour les anéantir parce que pour les guérir de l'homme, les Juifs les forcent à admettre que l'homme, dont ils se targuent contre les édéniens qu'ils sont, est la maladie qui fait disparaître l'éden ; lorsque cependant, les hommes auront guéri de l'homme et retrouvé l'éden, ils rendront grâce aux Juifs, conscients qu'ils seront alors que, sans les Juifs, incapables par eux-mêmes, de guérir de l'homme, ils fussent restés à jamais privés de l'éden.

31

J'avance.
J'avance en aveugle.
J'avance.
J'avance en éden.

Le Meurtre est partout parce que les édéniens que sont les hommes s'interdisent d'expression.

Le paresseux : il refuse d'agir dans un monde dans lequel toute activité est meurtrière et mène à la tombe.

La plus grande erreur qu'un homme puisse commettre consiste à croire qu'il est un homme.

Dans l'instant où il juge, le juge est fou à lier.

Les « savoirs » organisent l'oubli ; la connaissance n'est pas dans les « savoirs » mais dans l'oubli de l'oubli.

Les Russes : des inspirés.

Même une crapule comme Staline est inspirée.

Les gens ne sont pas humbles, c'est leur vanité qui l'est.

Nous connecter à un présent qui échappe à l'« éternité » comme à l'« instant » et qui scelle, par adhérence, nos noces avec l'énergétique de l'éden qu'est le Secret.

Peu d'auteurs connaissent le Meurtre, presque tous (comme Freud) lui substituent un Meurtre mythique qui cache qu'il est partout et qu'il est un non-lieu ; même Dostoïevski, si subtil quand il parle de l'Humiliation, manque la connaissance du non-lieu qu'est le Meurtre.

Nietzsche : il admet un « Éternel retour » (du même), au lieu d'une Réversion qui le rendrait à la vie-sans-mort : un malade de l'homme.

Plus tu récupères la conscience de l'éden, plus la « mort » tend à devenir pour toi la mystification organisée en éden par le collectif, qu'elle est effectivement.

C'est la disparition du désespoir et non la disparition de l'espérance qui caractérise l'enfer : l'enfer n'est qu'espérance.

Le plus haut comportement devant la mort : ne pas y croire, ne pas croire en la sincérité de ceux qui croient y croire.

L'irréalité des êtres et du monde est la seule menace.

Chercher et trouver la motivation édénique à tous les comportements ; tant que cela ne sera pas fait, tout ce que nous prendrons pour une compréhension, ne sera qu'une aberration.

Les gens ne font le bien que dans les limites où il corrobore la maladie de l'homme, en quoi le bien qu'ils font ne les empêche nullement d'être des meurtriers.

Aspirer non à l'empire du monde (qui change en fantôme) mais à la pénétration de l'autre monde, qui rend réel.

Sans l'éden, même l'amour n'est qu'un ensorcellement.

Ne pas se préoccuper d'« autres » mais de l'éden.

Récuser non la vie mais la maladie de l'homme.

Ne rien attendre de l'homme, tout attendre de l'éden.

Ce ne sont pas les valeurs qu'il faut transmuter mais l'homme ; l'homme est la maladie qui cache l'éden ; les « valeurs » : l'organisation en lieu, du non-lieu qu'est la maladie de l'homme.

Donner un sens à ce qui n'a aucun sens est la seule activité de l'homme ; c'est en donnant un sens à ce qui n'en a pas, qu'il se maintient dans l'état d'homme.

« Les moqueurs » : ceux des Juifs qui ne consacrent pas tout leur temps à l'étude de la Sainte Thora, dans laquelle est déposée la (merveilleuse) révélation de l'éden.

La Vérité est bien plus merveilleuse que nous ne le pensons : elle veille sur nous et garantit que nous vivons à jamais.

Rabbi N'ahman : « Imagine un monde rempli de biens et de richesses. Imagine un monde où toutes les souffrances et les tracas sont bannis. Il serait malgré tout, vide et sans but aucun, car le temps passe en un clin d'œil et la vie prend rapidement fin. »

À partir du moment où un homme retrouve l'éden, le monde, qui n'est que de nier l'éden, implose et les événements du monde ne sont plus les événements du monde, qu'ils semblent être, mais les moments de l'unique événement qu'est le dévoilement de l'éden.

Les « autres » : des fantômes.

La pensée logique : elle pose que tuer est une possibilité offerte à l'homme et elle dissimule que tuer est impossible à l'homme parce que, bien qu'il ne fasse que tuer, la mort étant fausse, il ne tue personne.

N'inscris pas ton moi dans le monde mais retire-le du monde et pose-le par-delà le monde.

Un imbécile, sensible au scandale de la mort, sera toujours mille fois plus subtil qu'un intelligent qui blanchit le scandale de la mort.

Les jugements moraux : les fausses lectures que nous faisons de la maladie de l'homme qui dissimulent que nous sommes des édéniens.

Un seul atome de monde suffit pour maintenir l'éden et l'édénien qu'est l'homme, dans l'état de disparus parce que le monde ne se peut, en tous ses points, que de poser que l'éden et l'édénien qu'est l'homme n'existent ni ne peuvent exister.

32

Incompatibilité entre Homme et Juif ; l'Homme est l'Homme, de poser l'impossibilité de l'éden, le Juif est Juif d'être connecté à l'éden.

Guérir de l'homme.

Nous ne faisons que tuer parce que la maladie de l'homme nous interdit tout ce qui n'est pas le meurtre.

Ce n'est pas que les gens sont méchants, c'est que la maladie de l'homme les rend fous.

Le « royaume de Dieu » : non pas le royaume *de* Dieu (au sens que lui donne le christianisme historique), mais le lieu subjectif dans lequel tout est possible, présent au secret de chaque être qui, retrouvé, restaure chaque être dans son appartenance de l'Origine.

Le royaume de Dieu : l'anarchisme joyeux de l'Origine qui caractérise les édéniens que sont les hommes : Dieu n'y est pas un empereur mais un lieu-pour-l'homme.

L'homme doit guérir de l'homme, guérison que seuls les Juifs peuvent provoquer et provoquent en effet parce qu'eux seuls sont des guéris de l'homme.

« Fiables », « non fiables » : c'est par ces seuls termes et non par des jugements moraux, qui ensorcellent à l'homme, que nous devrions différencier les êtres ; nous nous maintiendrons ainsi dans l'Unité de l'Origine, que nous formons avec tous les êtres tandis même que ceux-ci la démentent.

L'assassin. Il dit qu'il ne peut pas être l'édénien qu'il est, sur le plan de l'homme auquel le fixe le collectif ; en tuant, il affirme qu'il est un dans l'éden avec tous les êtres, même ses tués et qu'il ne supporte pas de rester fixé au plan de l'homme.

Conserver les éléments, non contaminés par le Meurtre, que l'on découvre ; un seul de ces éléments vaut infiniment plus que tout ce que ce monde donne et peut donner : il recèle les saluts.

Nous ressentons que la création a été créée pour nous (pour chacun de nous) et qu'à ce titre, elle a pour vocation de nous mener à une apothéose, mais ce ressenti nous paraît si invraisemblable que nous développons la croyance qui le dément, que la création a été créée pour nous anéantir et que nous réglons nos comportements sur cette croyance.

Tout ce que fait un Juif, au déni du Juif qu'il est – tout ce qu'il fait au plan de l'homme –, le rend aveugle au fait qu'édénien, il est inadmis des édéniens ensorcelés que sont les hommes.

Chacun, parce que recouvert de l'homme, ne se voit pas mais voit l'homme qu'au déni de l'édénien qu'il est, il croit qu'il est et croit que sont les autres.

« Les Derniers jours de l'Humanité » (Kraus) : la prophétie dite dans les catégories de l'Histoire.

Ce qui fait le fou, c'est la connaissance que les hommes sont fous et l'incapacité de supporter cette connaissance.

Que « mourir-de-mort » soit le maléfice dans lequel nous sommes pris, implique la possibilité de la complète réversion du maléfice : vivre-sans-mort.

Mon copain clochard : « Mon problème, c'est que j'ai un cœur d'or, si j'avais été méchant, j'aurais tout réussi. »

Une aveugle porte un bébé sur le dos, elle nous dépasse et se dirige à l'aide de sa canne, elle manifeste une parfaite détermination et avance dans la rue sans craindre les obstacles, le bébé, agrippé à sa mère, est plein de confiance. André (Schwartz-Bart), qui observe la scène avec moi, est bouleversé : « La grâce est partout, me dit-il, elle est liée à l'éphémère : dans un instant, cette femme, cet enfant, nous-mêmes, auront disparu mais qu'importe ? Cet instant aura été vécu, sa splendeur, c'est d'être éphémère ! » Je ne suis pas d'accord avec André, pas d'accord du tout : l'« éphémère » est le haut d'un iceberg dont la partie immergée signifie que nous vivons à jamais : cette femme, cette aveugle qui porte son enfant comme si elle voyait parfaitement, cet enfant plein de confiance, sont habités d'une intuition d'éden qui leur garantit qu'ils vivent à jamais… et qu'elle retrouvera la vue.

Quoi que fasse quelqu'un, il le fait en éden.

En succombant à la maladie de l'homme, les hommes n'ont pas perdu l'éden mais ils ont perdu la conscience d'être en éden.

33

Le « monde » : la maladie de l'homme.

J'avance.
J'avance en aveugle.
J'avance.
J'avance en éden.

Non une expiation mais une avancée.

Vivre à jamais dès à présent.

Le mot « normal » n'a pu jaillir que du cerveau d'un anormal.

Le Juif qui se veut homme au lieu de Juif : il n'en a pas les moyens parce que connecté au lieu, il n'est pas un homme mais un édénien.

Rabbi N'ahman : « Toutes les luttes sont identiques. »

S'ils ne faisaient que vous jalouser, ils prendraient votre place, s'ils ne faisaient que vous mépriser, ils se débarrasseraient de vous : mais ils vous méprisent trop pour prendre votre place et ils vous jalousent trop pour ne pas la convoiter.

L'assassin. Il ne se reproche pas d'avoir tué mais d'être incapable de guérir de la maladie de l'homme.

Guérir de l'homme.

La croyance que ce monde ne peut pas dénoncer parce que le faire provoquerait sa disparition : la croyance que les hommes ne sont pas des édéniens mais des hommes.

Les situations paroxystiques : les hommes s'y précipitent afin d'échapper à l'homme et ressentir qu'ils sont des édéniens.

J'avance.
J'avance en aveugle.
J'avance.
J'avance en éden.

Si je n'avais pas trouvé l'éden, je serais le plus isolé des hommes mais l'ayant trouvé, je suis le moins isolé des hommes, me ressentant Un, même avec les saligauds.

Les gens sont pétrifiés dans l'homme ; quoi qu'ils fassent ils ne font pas.

L'homme : il n'a jamais le temps parce qu'il n'est pas, se donnerait-il le temps, il constaterait qu'il n'est pas : il s'abandonne à l'action pour ne jamais avoir à faire un tel constat.

Comme Joyce, je crois que l'humanité est un vice, mais contrairement à lui, je ne crois pas qu'elle le soit parce qu'elle manque d'un Absolu mais parce qu'elle n'admet pas que l'Absolu dont elle prétend manquer est là où elle se tient.

« L'amour n'est pas une question de physique mais une question de… "physaque" », me dit ce clochard, voulant indiquer qu'il ne peut pas se passer de sa compagne parce que, bien qu'épouvantablement laide, elle est une édénienne.

Effet pervers des réconciliations : les réconciliés deviennent des étrangers quand le conflit qui les opposait était leur seul lien.

Toute la vie morale de l'humanité est une mystification : elle ne vise qu'à dissimuler que l'homme est une maladie et à propager cette maladie.

Je ne puis accorder l'intelligence qu'à celui qui consacre ses forces à guérir de la maladie de l'homme, celui qui ne fait que s'y livrer, même s'il passe pour un génie, est un crétin.

L'Iliade. Le poème prodigieux de l'échec à trouver Dieu. Tout s'y fracasse sur l'absence d'une rédemption.

Les hommes ne sont réels que par-delà le rôle de l'homme que la maladie de l'homme les force à jouer.

34

La « justice ». Elle confère un sens à la maladie de l'homme qui tient la place de l'éden et dissimule la maladie de l'homme : nous débarrasser de la « justice ».

Transmuter la mort en vie.

On ne dispose de sa volonté propre et on ne la déploie pleinement qu'en basculant par-delà la maladie de l'homme qu'est le monde.

Bien qu'ils ne fassent que tuer, les hommes ne sont pas des assassins mais des édéniens.

L'homme est la créature qui ne s'habitue à rien.

Socrate, lors de son procès, s'identifie aux tyrans qui le condamnent à mort ; il ne donne pas une leçon de courage mais il succombe au plus ébouriffant des syndromes de Stockholm.

Le *fatum* : le point aveugle de l'homme sur l'édénien qu'il est.

L'homme a inventé le *fatum* à l'instant où, se posant comme homme au lieu de se poser comme édénien, il a fait l'estimation de lui-même, selon l'homme, qu'il n'était pas.

Là où est l'homme, l'éden n'est ni ne peut être ; cependant l'éden est, il est, au secret de l'édénien qu'est l'homme et c'est l'homme qui, depuis l'éden, se révèle n'être qu'un fantôme.

Quel abîme sépare l'ami fiable du non fiable : le premier relève d'une énergétique de l'éden, le second, d'une énergétique du meurtre.

L'homme : le fantôme qui s'interpose entre l'éden et l'édénien qu'il est.

L'« humanisme » : il immole l'éden à l'homme, sans se douter qu'en le faisant, il fait de l'homme un fantôme.

Guérir de l'homme.

La « civilisation » : le processus du meurtre et de la mort, qu'affectés de la maladie de l'homme, les hommes ne cessent jamais de générer.

Gilles Lipovetsky : « La vengeance n'est pas plus une menace, une terreur à détourner, que le sacrifice n'est un moyen de mettre un terme à la violence prétendument dissolvante des vengeances intestines grâce à des substituts indifférents. À cette vision panique de la vengeance, il faut opposer celle des sauvages chez qui elle est un instrument de socialisation, une "valeur" aussi indiscutable que la générosité. »

Quelles que soient ses activités, l'homme ne fait que tuer ; même l'« art » participe de l'unique Meurtre.

Le théâtre n'a pas été inventé pour représenter le *fatum* mais pour manifester que le *fatum* n'existe pas : le spectateur ressent au théâtre qu'il est trop unique pour être représenté et qu'il vit à jamais parce qu'il existe par-delà la représentation, dont même sa mort fait partie.

L'« autre » existe mais seulement comme spectacle, en tant qu'« autre », il n'existe pas ; qu'il demande l'aide, on la lui refuse : les gens ne vont pas au théâtre pour cela.

Ce monde bafoue toutes les aspirations, les gens l'acceptent parce qu'ils sont persuadés, bien à tort, qu'aucun monde, digne de leurs aspirations, ne se tient au secret du monde.

Il n'y a pas d'« Histoire », il n'y a que des hypnoses.

Signer nos écrits est stupide ; tout ce que nous faisons (et pas seulement écrire…) se fait dans l'éden où notre moi s'inscrit, sans que nous ayons besoin de préciser que c'est de lui qu'il s'agit.

Je n'écris pas d'abord pour le lecteur mais pour rester au niveau de la révélation qui m'habite ; elle est si volatile qu'il me faut indéfiniment la réactiver en moi pour ne pas la perdre.

L'écrivain inspiré : il est présent dans le moindre de ses mots.

Un « homme » ? Non ! Un édénien !

Tout ce qu'ensorcelés au bien et au mal, les hommes font, pour combattre le Meurtre, les maintient dans le Meurtre.

La qualité éminente : l'empathie d'éden.

Même les batailles du conquérant se déroulent en éden.

La souffrance dit : « C'est ainsi et pas autrement ! », l'homme, lui, la ressent cependant comme souffrance parce qu'il ressent qu'elle est scandaleuse et que tout est autrement que ce qu'elle établit.

Que tous les êtres trouvent grâce à tes yeux : c'est par là que tu seras un Vivant.

Dire que nous sommes, c'est dire que nous sommes Un, si tel n'était pas le cas, personne n'existerait.

Les femmes les plus séduisantes : non pas les plus belles mais les plus édénisées.

La bêtise : se poser comme homme au lieu de se poser comme édénien.

Shakespeare. Il installe l'homme dans le pire, car l'homme est pour lui le pire du pire.

Nous échouons parce que nous ne voulons pas suffisamment.

Le cri n'est entendu que lorsqu'il justifie l'oreille.

Quand on franchit la limite, on ne peut plus parler qu'en son nom propre.

Les amis morts : leurs voix ne jaillissent pas du passé mais du présent inouï dans lequel ils sont vivants.

Ce que tu veux mais insuffisamment, se réalise mais se réalise comme gifle que tu te donnes à toi-même.

On devient un fantôme dès lors qu'on se compare.

Si les gens veulent être des « premiers », c'est parce qu'ils ignorent qu'ils sont des uniques.

J'avance.
J'avance en aveugle.
J'avance.
J'avance en éden.

En enfermant l'éden dans la représentation, les « savoirs » le font disparaître et provoquent l'apparition, à sa place, d'une fausse réalité qui établit l'éden en impossible.

Le contraire du « savoir » n'est pas l'ignorance mais le miracle.

35

Les hommes sont malades de l'homme, maladie dont seuls les guéris de l'homme que sont les Juifs, peuvent les guérir ; mais ils ne veulent pas des Juifs parce que c'est dans le refus d'en guérir que consiste la maladie de l'homme.

La légèreté : la vie, secrètement présente, à la racine de la vie fausse (la maladie de l'homme), que nous croyons être la vie.

Toute mort est secrètement ressentie comme un miracle ; en démentant l'état d'homme, la mort dit que tout est possible.

Nathan de Braslav : « Ils (ceux qui le calomnient) ne rivalisent pas réellement avec le Rebbe mais avec la personnalité fictive dont ils ont fabriqué l'image, qu'ils substituent à lui. »

Comment préparer l'avenir quand c'est l'avenir qui nous prépare ?

Quand les gens disent qu'ils ne croient pas en Dieu, ils précisent toujours qu'ils ne croient pas en Dieu parce que Dieu ne tient pas compte d'eux. Ne disent-ils pas par là, sans s'en rendre compte, que le Dieu en lequel ils ne croient pas, n'est pas Dieu mais l'idole qui ne tient pas compte d'eux, qu'ils ont élevée à la place de Dieu ? Cela ne préserve-t-il pas en eux l'espace pour un Dieu qui tiendrait compte d'eux et se révélerait à eux s'ils osaient Le chercher et Le trouver ?

« L'homme est la créature qui s'habitue à tout » (Dostoïevski). Non ! L'homme est la créature qui ne s'habitue à rien, l'homme est un haricot sauteur ; parce qu'il n'est pas un homme mais un édénien.

Tout replacer dans une métaphore de l'éden retrouvé.

Activer la Possibilité inouïe, présente dans son apparente absence.

La grande force : l'inspiration.

Les enfants que je n'ai pas faits me doivent la vie.

Guérir de l'homme.

L'estimation que nous faisons de nous-même et des autres tient compte de tout, sauf de nous-même et des autres.

L'Iliade. Tout s'y écoule dans un immense rien ; les dieux y sont les facettes d'un unique rien.

L'ironie : le rictus de la Chute.

Ce n'est pas d'un royaume dont Dieu serait le roi que parle Jésus quand il parle du royaume de Dieu mais d'un lieu subjectif, présent au plus profond de chacun, qui échappe à la pesanteur, dans lequel tout est possible ; en faisant du royaume de Dieu un royaume n'appartenant qu'à Dieu, le christianisme manque la révélation du royaume, qui révèle que tout est possible et il met à sa place une idole.

J'avance.
J'avance en aveugle.

J'avance.
J'avance en éden.

Guérir de l'homme.

Le comique de ces croyants, qui vous prennent pour un fou quand vous dites que vous attendez la réapparition des morts ; croire en Dieu, ce n'est pourtant que cela : attendre la réapparition des morts.

Le *fatum* : il ne se peut que parce que, croyant que nos actes échouent, nous nous fixons aux irréversibles que nos actes semblent fixer ; mais nos actes réussissent parce qu'ils se commettent en éden où il n'y a pas d'irréversibles.

Le Juif : un guéri de l'homme.

Guérir de l'homme.

Le propre de « l'homme » : non pas la liberté mais l'antisémitisme.

36

    Paul (Nothomb) fut si bouleversé par *la Pensée de l'Inouï*, découverte dans *Le Scandale juif* et dans *Qui est Goy ?*, qu'il fit ma connaissance et s'installa sur la péniche (il y résida quelques mois) ; rentré chez lui, il prit l'habitude de me rendre visite presque chaque jour, durant des années. Je l'initiai à *la Pensée de l'Inouï* élaborée les années précédentes, au cours d'entretiens qui duraient des heures et se poursuivaient tard dans la nuit. Paul, qui connaissait l'hébreu, commença son exégèse du Récit de l'Origine pour vérifier si mes intuitions étaient hébraïquement fondées. Je n'avais aucun doute qu'elles le fussent, ce pourquoi, les ayant trouvées en moi-même sans le recours de la Bible, j'avais entrepris la rédaction d'ouvrages dans lesquels je les associais au peuple juif, repéré comme étant leur porteur. Paul fut stupéfait et ravi de découvrir dans le texte biblique, presque mot pour mot, *la Pensée de l'Inouï* développée dans mes écrits. Il me lisait le texte hébreu en français (je ne connais pas l'hébreu) et je lui en donnais mon interprétation sauvage, qu'il notait et dont il s'inspirait pour mener à bien son exégèse.

37

Je préfaçais le premier livre de Paul (Nothomb) (*L'Homme immortel*, Albin Michel, 1984) : « Dans le fatras de la pensée moderne et du lourd nihilisme mondial qu'elle se complaît à générer et à adorer, voici aujourd'hui que jaillissent des interrogations nouvelles et fracassantes, portant sur les racines enfouies des consciences et de l'histoire.

« Voici que le faisceau de lumière noire et aveuglante jailli du nihilisme commence de devenir un faisceau de lumière noire et aveuglante aux yeux de tous : comme si ceux-là mêmes que cette lumière aveugle, constataient pour la première fois le drame d'une cécité à laquelle donnerait son relief insupportable cette lumière elle-même ! Comme si aujourd'hui le nihilisme, par la puissance même de son énergie nihilisante, se désignait comme intolérable en tant que tel, comme une ultime énigme à percer ! Jusqu'à présent, si dure soit l'expérience historique du nihilisme, elle paraissait vivable, acceptable : tolérable. Et puisque tolérée, nul ne se hasardait à voir en elle une énorme, une effrayante énigme. Aujourd'hui l'humanité entière pousse partout le même cri d'horreur et constate, au milieu de ses charniers, qu'elle évolue dans les limbes, et que l'homme véritable n'est pas encore né. On appelait "homme" ce spectre : l'homme historique, cet assassin, ce mangeur d'hommes !

« Nous voici donc, hommes d'un siècle en folie, qui révèle en sa folie la folie de tous les siècles, sommés de chercher, à la façon de Christophe Colomb son Amérique, une terre plus vaste et plus clémente pour l'homme, cette créature pour l'instant sans lieu qui se dévore elle-même. Si hier encore la question métaphysique paraissait être celle d'Hamlet : "Être ou ne pas être", la profondeur de la catastrophe moderne révèle la mesquinerie de cette question, et sous celle-là désigne, plus profonde et plus vaste : "Être ou ne pas être... immortel." Toutes les voies du compromis et de la compromission sont barrées, même la voie inepte mais jusqu'ici efficace du suicide : l'immortalité nous interpelle comme une unique folie qu'il nous faut conquérir, que nous le voulions ou non. C'est un contemporain, Prokosch, qui a jeté ce cri d'alarme : "Ah ! Je me tuerais bien si je ne savais que la mort elle-même n'est pas un repos, et que dans la tombe aussi nous attend une terrible angoisse."

« Après avoir cru en sa fixité avec les Grecs et les métaphysiques de l'adaptation à ce qui est, l'humanité s'est découvert, à la place d'une fixité heureuse, une paralysie complète qui la rend pareille à ces personnages de Beckett qui disent qu'ils avancent tandis que, ne pouvant faire le moindre pas, ils enfoncent dans ce qui est, jusqu'à leur complète disparition. Voici donc l'humanité qui regarde bien malgré elle ce qu'elle avait toujours voulu ne pas voir : l'histoire elle-même dans sa folie ! Mais dans cette nuit et dans cette jungle, surgissant parmi les charniers du monde moderne, se dévoilant dans une synchronicité complète avec ceux de tous les temps, voici la frêle gazelle de l'espoir qui apparaît contre toute attente. Voici que le nihilisme, serpent qui se mord la queue, a commencé à se nier et à se détruire lui-même, comme si, à tout mensonge, à tout supplice, à tout contresens, à toute tragédie, à toute mort, il y avait une limite et une fin. Et maintenant une lumière nouvelle qui annonce l'aube et la fin de l'histoire maudite se lève inexorablement, comme une lune qui sera un soleil lorsqu'elle aura achevé le parcours de notre nuit.

« De tous côtés et dans le secret encore, les ouvriers de la vingt-cinquième heure et du monde nouveau travaillent. On ne les voit pas encore, mais ils sont là, cachés à notre regard par la masse de l'histoire, mais actifs ! Chacun d'eux suit son instinct et œuvre là où il est. Pour l'instant encore, les robustes canailles, ardentes à aménager la pourriture mondiale, les cachent à nos regards, mais ils sont là, les ouvriers de l'Inouï, et ce sont eux qui auront fait l'histoire, en ceci que grâce à eux, l'histoire (qui est l'histoire du meurtre et de la mort...) est en train de finir.

« C'est parmi ceux qui œuvrent pour la fin de l'histoire, que nos yeux doivent apprendre à reconnaître, qu'il faut situer Paul Nothomb : la traduction du plus vieux livre de l'humanité, le récit de la Genèse, qu'il nous offre aujourd'hui sera bientôt indispensable à une bonne compréhension de l'Écriture.

« Mais qu'a donc de si extraordinaire cette traduction ? En quoi est-elle si différente de celles qui l'ont précédée ? Pourquoi l'essai qui la présente et la commente est-il d'une si profonde originalité ? Citons simplement cette phrase, la plus connue du récit de la Genèse (lorsque l'homme est chassé du paradis par Dieu, Dieu lui dit) : "Car tu es poussière et tu retourneras à la poussière." Cette phrase, le lecteur l'aura toujours comprise comme une malédiction divine : eh bien, nous apprend Paul Nothomb, avec la science d'un grand hébraïsant, la fameuse phrase, commentée par les plus grands théologiens et les plus grands penseurs, a toujours – comme beaucoup d'autres de ce récit – été mal comprise et mal traduite. "Poussière", suggère notre ami au terme d'une analyse serrée du texte et du contexte, est dans le récit de la Genèse la métaphore de... l'immortalité ! D'ailleurs est-ce si surprenant ? La poussière n'est-elle pas le seul élément que l'on ne peut pas détruire ? Elle est légère, aérienne et composée d'un assemblage de grains (de poussière) si nombreux que rien n'en peut venir à bout. La fameuse "malédiction" divine était une bénédiction ! La bonne signification et traduction de la phrase serait : "Car tu es immortel et tu retourneras à l'immortalité."

« Depuis cette traduction de la fameuse phrase qui recouvre une jeunesse formidable, Paul Nothomb a beau jeu de montrer que tout le texte de la Genèse, sur lequel se sont élevés les édifices de l'Ancien et du Nouveau Testament, propose, depuis sa littéralité la plus stricte, un dévoilement interne à l'histoire, du royaume, et désigne, au plus profond du cœur de l'homme, une intuition d'immortalité qui garantit dans l'histoire même, l'indestructibilité de chaque être humain.

« Bouleversement complet : l'histoire moderne s'est faite depuis une interprétation de la Révélation comme immortalité et comme paradis perdus. Contresens absolu, nous dit la traduction de Paul Nothomb, immortalité et royaume sont toujours là où nous sommes : l'immortalité est en nous puisqu'elle est nous, le royaume est partout puisqu'il est tout. Le drame historique tiendrait dans cet énorme contresens : nous nous croyons mortels alors que nous sommes immortels, et nous croyons le royaume impossible alors que nous nous y trouvons ! Le récit de la Genèse désigne cette situation de l'homme et ce statut extraordinaire qu'il a reçu de Dieu lui-même. Mais, sauf à récupérer ce statut et à découvrir qu'il est dans l'Éden, l'homme est obligé d'interpréter sa situation dans l'Éden selon la logique de sa foi fausse (et la Logique sera cette fausse foi…) comme un impossible, et de perdre la faculté (la plus merveilleuse et la plus humaine en lui) de percevoir l'éden et d'y évoluer joyeusement. Le vice des traducteurs et des commentateurs habituels du récit de la Genèse, que dénonce Paul Nothomb, sera celui-ci, qui est le vice de toute l'histoire : ne concevant ni le royaume où ils sont, ni la bénédiction divine "tu es immortel" qui porte l'homme en toutes circonstances, ils ont subordonné la révélation à leur vice. Et la "poussière", métaphore biblique de l'immortalité, ne sera plus dans leur esprit que la métaphore de leur propre croyance en l'impossibilité du royaume ! Se vivant comme s'ils étaient, non des dieux, mais des déchets (sens qu'ils donnent à la "poussière"), il leur était naturel d'en induire que Dieu lui-même dans ses révélations les avait condamnés à être des déchets ; ils considéraient qu'ils avaient et devaient avoir un destin de déchets, de "poussière" ; que, créatures dérisoires et maudites, ils retourneraient et devaient retourner à la "poussière" !

« Mais voici que depuis cet autre regard tout le texte antique bouge, éclate dans ses significations fausses, dues aux sédimentations des siècles d'une méconnaissance essentielle et, tel un mort surgissant de son tombeau, fait entendre le grand rire de sa victoire sur l'histoire fourvoyée, le grand rire de l'immortalité retrouvée.

« Voici le récit de la Genèse libéré des mensonges et des contresens commis sur lui par les hommes de l'histoire, qui nous livre enfin la bonne nouvelle facétieuse qui traverse l'Écriture, que nos oreilles n'avaient pas voulu entendre : la malédiction divine n'en était pas une, c'était une bénédiction : "Car tu es immortel et tu retourneras à l'immortalité." Nous nous fourvoyions, Dieu n'y était pour rien.

« Le drame historique était et est encore comparable à cette histoire du myope qui cherche ses lunettes et qui dit : "Impossible de trouver ses lunettes sans porter ses lunettes !"

« Impossible, de même, de découvrir que le royaume est partout bien qu'il soit partout, parce que tant qu'on n'a pas découvert qu'il est partout, il est impossible de constater qu'il est partout !

« L'homme historique serait ce crétin considérable dont toutes les activités entretenant cette quadrature du cercle aboutissent à l'abêtir toujours davantage !

« L'histoire serait cette entreprise individuelle et collective d'abrutissement complet obéissant, dans ses systématisations de l'immortalité perdue bien que là, à une mise en application non plus seulement du célèbre "principe de Peter" – "chaque citoyen est pris en compte par l'histoire historique, à proportion de son degré de cécité sur le royaume". Ainsi s'explique qu'au sommet de nos hiérarchies nous plaçons les plus robustes de nos crétins, j'ai nommé Gengis Khan, Attila, Napoléon... (la liste n'est pas exhaustive).

« Que le lecteur entre dans cette traduction et dans cet essai comme dans une pensée nouvelle, dont l'histoire aura été celle de l'occultation. Mais sa redécouverte aujourd'hui, aux confins d'un nihilisme qu'il faut interpréter depuis cette pensée comme une faim immense de l'immortalité perdue mais toujours là, initie à un dépassement nécessaire du nihilisme.

« C'est André Malraux, dont Paul Nothomb aura été l'un des compagnons en Espagne, lui-même fourvoyé dans une adoration de l'histoire historique, qui, peu avant de mourir, aura eu ce cri : "Ah ! si le dernier prophète venait nous annoncer que la mort n'existe pas !"

« Refermant ce livre, je forme le vœu que le lecteur mesure les crimes de l'histoire – et notamment les crimes de l'histoire la plus immédiate – à l'aune de l'immortalité potentielle, déposée dans le cœur de l'homme, et qu'horrifié par le relief de leur aberration, il découvre en même temps ce secret du royaume qui est parmi nous et que nous n'osions pas voir : *tout est possible*. Je forme le vœu que, refermant ce livre, le lecteur, depuis l'immortalité retrouvée, exerce cette nouvelle liberté, fraternité et voyance, qui aujourd'hui doit succéder au nihilisme, pour qu'enfin se dévoile ce royaume qui était sous nos pieds depuis toujours : "Oh ! Vous, frères humains, allons-nous continuer longtemps à dormir et à mourir pendant notre sommeil ?" (Boukovski). »

38

Paul (Nothomb) ne me suivit cependant pas jusqu'au bout : *la Pensée de l'Inouï* lui avait fait entendre que la Chute n'est pas une catastrophe morale (ainsi que l'interprètent les commentateurs...) mais une catastrophe mentale. Mais il n'avait pas entendu, ce qui pour moi est l'essentiel, qu'elle est une catastrophe mentale *en éden* et qu'ainsi le fantasme de la mort qu'elle met en scène – le « monde » –, est un fantasme généré par l'homme, *en éden*. Il poursuivit une réflexion, que j'estimais biaisée, sur le Récit de l'Origine, qui démentait sa première exégèse et n'avait plus grand-chose à voir avec ma pensée – *la Pensée de l'Inouï* –, dont il se réclamait. Il faisait du Récit de l'Origine, au lieu d'une révélation de la présence de l'éden, présent au secret du monde, une assignation à un après-la-mort, nécessaire à tout dévoilement de l'éden, qui impliquait que l'Ici fût définitivement déserté par l'éden : il avalisait la Chute. Comme je lui faisais remarquer, qu'étant en éden, les hommes n'étaient pas des hommes mais des édéniens, il protesta qu'il n'avait de sa vie vu d'édéniens et voulait qu'on lui en montrât un ; j'eus beau lui répliquer alors que tous les hommes, même les nazis, étaient des édéniens, il persista dans son aveuglement et manqua la connaissance que les hommes étaient des édéniens malades de l'homme – maladie qui provoquait la disparition de l'éden –, qu'il fallait rendre à l'éden en les guérissant de l'homme, tâche à laquelle, constitués en Énergétique de l'Éden, sont voués les guéris de l'homme que sont les Juifs.

Guérir de l'homme.

Je suis Juif et j'avance. J'avance en éden. J'avance en éden parce que je suis Juif. Je suis Juif parce que j'avance en éden.

39

J'avance.
J'avance en aveugle.
J'avance.
J'avance en éden.

Personne ne pénètre dans le Secret, qui ne le conçoit pas ; y pénétrer, c'est le concevoir ; le concevoir, c'est y pénétrer.

À l'instant où nous concevrons que l'éden est présent au secret de tout, la fausse réalité qu'érigent les savoirs, s'évanouira et l'éden se dévoilera.

Le monde spectral. Le retourner. Repérer le royaume, qu'il dément.

Par sa seule existence, même le plus anodin des Juifs, provoque la guérison de la maladie de l'homme.

Tant qu'on n'est pas nourri par la révélation, on n'est pas dans la Révélation mais dans la maladie de l'homme.

Mon tutoiement l'exaspère ; je me remets à le vouvoyer pour ne pas l'assommer. Comme les imbéciles sont prétentieux !

« Dès que je commence à parler avec quelqu'un, j'entends des choses sublimes dans les mots de mon auditeur. Je m'arrête donc de parler pour écouter et recevoir quelque chose de sa part » (Rabbi N'ahman).

Quand les hommes jugent la vie (ils ne font que la juger…), ce n'est pas la vie qu'ils jugent, mais le rien qu'ils font de la vie. Ou ils repoussent ce rien et succombent à une anorexie ou, faisant de ce rien, un quelque chose, ils succombent à une boulimie.

Le paresseux : il s'active mais dans l'invisible.

Les amis qui ne vous pratiquent que pour vérifier l'exactitude de l'idée épouvantable qu'ils se sont formée de vous à l'instant où ils firent votre connaissance : ils rompent avec vous et partent en vous maudissant dès lors qu'ils ont vérifié que vous êtes bien le monstre qu'ils avaient vu en vous.

« Il existe une autre honte, plus vaste, la honte du monde » (Primo Levi) : la honte d'être atteint de la maladie de l'homme qu'est le monde qui, ne tenant aucun compte de nous, fait de nous des fantômes : des « hommes », des « femmes ».

Primo Levi : il ne se débarrassa jamais de la honte d'être homme au lieu d'édénien que la Shoah avait excitée en lui.

Ressentir que chaque être est d'un prix infini.

Les relations humaines déçoivent à quatre-vingt-dix-neuf pour cent et éblouissent à un pour cent.

L'éden est un impossible ; et cependant il est, et non seulement il est, mais il informe tout.

L'éden : il change du tout au tout la spécificité de ce monde-ci.

Possédé de la croyance en un « néant » qui n'existe pas, même Pascal n'est qu'un génial… comédien.

La plupart de ceux qui vous aiment, aiment tout de vous, sauf vous.

Guérir de l'homme.

Plus nous accumulons les cadavres, plus nous ressentons secrètement que la mort est fausse ; plus nous ressentons que la mort est fausse, plus nous accumulons de cadavres.

J'avance.
J'avance en aveugle.
J'avance.
J'avance en éden.

Les Juifs : voir en eux de simples « témoins », c'est les lier au monde, tandis qu'ils sont de l'autre monde. Ils ne sont pas des « témoins » mais les éléments d'une énergétique qui guérit les hommes, de l'homme.

40

Introduire le miracle de l'Ouverture de la mer Rouge dans l'idée que nous nous en faisons afin que la mer Rouge soit comme ouverte quand elle est fermée.

J'avance.
J'avance en aveugle.
J'avance.
J'avance en éden.

« Prestige » : (étymologiquement) illusion.

Dieu : le lieu, dans lequel nous sommes. Il n'y a pas à « croire » ou à « ne pas croire » en Lui, mais à entrer dans le lieu, qu'Il est et à y évoluer joyeusement.

L'appareil métaphysique du judaïsme vise à replacer le Juif dans l'éden, que toutes les cultures évacuent, parce que consacrant toutes la maladie de l'homme.

En mettant la Victoire à la place de la Vérité, les hommes manquent et la Vérité et la Victoire.

« ... ou encore le propos de Kuhn sur le paradigme des révolutions scientifiques, avec son corollaire d'énigmes et l'hypothèse de la théorie falsifiable » (Enrico Ghozzi).

Saül de Tarse : ne parvenant pas à être lui-même un Jésus (un homme de l'éden retrouvé), Saül divinise Jésus et justifie en Jésus, devenu le « Christ-Dieu », son échec à trouver l'éden, Jésus seul le pouvant parce que... Dieu. L'échec de Saül à trouver l'éden le rend fou de jalousie d'un Jésus qui a, lui, trouvé l'éden et ne cesse de le manifester et de le crier.

Ne pas dire je suis mais je est.

L'inspiration : l'éclair de l'Après-futur, jaillissant du plus profond présent.

Les hommes n'admettant pas que vous soyez un édénien, n'admettent pas que vivre parmi eux vous rive à l'état d'homme.

Nous n'avons pas affaire au *fatum* mais à l'homme, le *fatum* est la maladie de l'homme, dissimulée comme maladie.

Si vous voulez observer le monde, penchez-vous sur une famille se disputant un héritage.

Les hommes. Ils ne croient qu'aux Juifs, mais ils ne l'admettent pas.

En inventant la « mort », les hommes ont inventé l'illusion, analogue à la perspective, qu'est la pesanteur.

Le difficile n'est pas d'entendre mais d'écouter.

Une amitié dure aussi longtemps que les amis supportent l'idée qu'ils se font l'un de l'autre, cette idée fût-elle négative. Elle s'éteint, dès lors que cette idée n'est plus supportée.

Ce que nous voulons le plus ne relève pas de notre volonté mais de notre édénéité.

Croire en Dieu, c'est ressentir que Dieu est présent au secret de tout et que, tenant compte de nous en toutes circonstances, Il garantit que nous vivons à jamais.

Manger, c'est manger du rien parce qu'il n'y a que du rien : comment nous sustenter de rien ? Impossible ! Impossible ! Sauf à provoquer, nous transmutant en édénien, l'évanouissement d'un corps qu'affectent faim et soif.

L'amour est comme l'argent : il peut tout dans les limites de ce monde, rien au-delà de ces limites.

Insatisfaits de la vie qu'ils mènent, les gens en induisent que le paradis n'existe pas, mais ils feraient mieux d'en induire que la vie qu'ils mènent est indigne du paradis.

Guérir de l'homme.

L'homme : ne pouvant pas vivre sans se comparer et ne pouvant pas admettre qu'il se compare, il ne supporte aucune supériorité et il la nie là où il la constate.

J'avance.
J'avance en aveugle.
J'avance.
J'avance en éden.

Le Secret est partout mais les hommes restent sous l'hypnose des « savoirs » et manquent le Secret parce qu'ils ne conçoivent pas qu'Il est partout.

J'avance.
J'avance en aveugle.
J'avance.
J'avance en éden.

L'homme : il promet ce qu'il ne peut pas donner sans se changer en édénien et, se maintenant dans l'état d'homme, il en est mortellement humilié.

41

La haine sait que rien ne suffit et c'est à cette connaissance qu'elle doit son inspiration.

Tout le monde aime et tout le monde meurt ; l'amour ne suffit pas puisqu'il ne suffit pas à guérir de la mort ; nous n'avons pas besoin d'amour mais d'éden.

Dès lors que l'on supprime l'éden, la pénurie prévalant partout, les enjeux les plus dérisoires deviennent d'une importance primordiale.

La mort : elle grandit à proportion de nos mensonges.

Les mondes parallèles : la prison, la maladie, la folie, la guerre, l'humiliation, vous y êtes précipité en un instant et tout ce qui vous semblait vrai au préalable, vous semble dérisoire et pire encore : n'ayant jamais existé.

Si tu veux ressusciter les morts, commence par te ressusciter toi-même.

« Il [Leopardi] était de taille moyenne, penché et maigre, d'un teint blanc qui virait au blême, avec une tête grosse, un front carré et large, les yeux bleus et languissants, le nez effilé, les traits extrêmement délicats, une élocution discrète et assez faible et un sourire ineffable et quasi céleste » (August von Platen).

J'avance.
J'avance en aveugle.
J'avance.
J'avance en éden.

Quelle perversion que de ne croire qu'au « succès ».

Là où nos mensonges échappent à la « vérité », ils ne sont plus des mensonges mais des métaphores de notre moi retrouvé.

Les hommes se précipitent dans la guerre parce qu'ils y ressentent qu'ils sont irréels, ce qui a pour effet de les rendre réels ; dans la paix, ils sont tout aussi irréels qu'à la guerre mais ils se croient réels et cela les maintient irréels.

L'Iliade : le poème prodigieux de l'échec à trouver Dieu.

Je ne nie pas la vie, je nie la vie-qui-me-nie, ce par quoi je bascule par-delà la vie-qui-me-nie, dans la vie-sans-mort, qui ne me nie pas mais m'affirme.

Les édéniens que sont les hommes sont Un en éden et ne peuvent rompre cette unité, qui n'est pas même rompue par les meurtres, même les plus monstrueux, commis même par les plus monstrueux assassins.

Dire que l'on est, c'est dire que l'on est en éden.

Guérir de l'homme.

S'ils supprimaient le point aveugle sur les édéniens qu'ils sont, les hommes seraient immédiatement changés en édéniens.

« Même si vous n'entendez rien, mais que vous vous trouvez à l'endroit où la Thora est dispensée, vous avez déjà profité d'un bien infini » (Nathan de Braslav).

Dès que je dis un mot, de *la Pensée de l'Inouï*, découverte au risque de tous les naufrages, ils en font une chose si dérisoire que je ne puis plus que me taire.

Si seul le menteur mentait, il se désignerait comme menteur car il changerait d'aspect à chacun de ses mensonges ; mais les hommes, qui ne font tous que mentir, ont depuis si longtemps pris l'aspect des menteurs qu'ils sont, qu'ils ne changent plus d'aspect quand ils mentent et que leurs mensonges sont indétectables.

Les hommes ne pénètrent pas dans le Secret parce qu'ils échouent à le concevoir.

Le tabou de l'éden est partout et il détermine tout. Même la pesanteur en est un effet : il impose la croyance générale en l'impossibilité de l'éden, qui provoque la disparition apparente mais non réelle, de l'éden.

Nous sommes plus larges que nos actes, nous occupons par-delà eux un lieu, dans lequel tout est possible parce que n'y existent pas les irréversibles que nos actes semblent fixer.

On ne devrait pas reprocher aux Juifs d'être juifs mais de ne pas l'être assez.

Les jugements que nous portons sur la vie : ceux que sans nous en douter, nous portons sur nous-mêmes pour nous punir d'être incapables de trouver la vie ; ils n'ont rien à voir avec la vie mais tout à voir avec l'humiliation que l'échec à trouver la vie est pour nous.

La mort : un ensorcellement du collectif, en éden, qu'en en faisant une lecture erronée, nous croyons être un donné immuable.

La femme : une édénienne qui fait l'impasse sur l'édénienne qu'elle est, en s'enfermant dans le rôle d'épouse et de mère ; ce qui a pour effet de la rendre absente ; elle n'est femme au lieu d'édénienne que parce qu'elle est la proie de la maladie de l'homme, qui fait disparaître l'éden, qu'elle entretient « en faisant des enfants ».

Considère comme t'étant dû, tout ce que tu imagines de merveilleux et d'extraordinaire.

Les penseurs vivants : ceux qui nous habitent, même lorsque nous ne les lisons pas et nous impulsent leur force en galvanisant notre audace.

« À cette heure où il fait sombre autour de mon corps, je fais semblant de dormir pour échapper au cauchemar » (Mohsen).

J'avance.
J'avance en aveugle.
J'avance.
J'avance en éden.

À la seule exception de la prophétie, toutes les pensées sont des nazismes.

Un type : « Je ne baisserai pas la tête et je défendrais mon honneur même si je dois mener une guerre mondiale pour cela. »

Ne rien attendre des hommes, tout attendre de l'éden.

« Tout au monde existe pour aboutir à un livre » (Mallarmé). Non ! Même la Bible ne vaut pas en tant que livre mais par son potentiel de guérison ! Définitivement, le moi humain est plus précieux que tous les livres.

Si j'avais à illustrer un pogrome, je montrerais les Juifs entourés de fantômes.

L'ambitieux. Il veut tout mais il le veut sur le plan du social, qui consacre le rien : il veut tout le rien.

Vouloir tout, ce n'est pas vouloir tout ce que le social peut donner mais c'est vouloir (et obtenir) un lieu dans lequel tout est possible ; un lieu qui échappe au social, dans lequel tout est impossible.

Quand il était en vacances, Staline se rendait dans une datcha modeste au bord de la mer Noire et y vivait joyeusement avec ses amis, ensuite, il rentrait au Kremlin et reprenait le rôle du despote.

Les conflits entre les territoires mentaux sont sous-jacents à tout et déterminent les relations humaines ; les conflits territoriaux ne sont que leurs métaphores.

Guérir de l'homme.

Il cherche une explication à la mort, en posant que les morts sont vraiment morts, au lieu de les tenir pour des vivants et de se demander, puisqu'ils sont des vivants, où ils sont passés ; la réponse à la question : « Où sont-ils passés ? », s'il osait la poser, lui serait alors donnée : ils sont dans le lieu, dans lequel nous sommes tous, que dissimule la maladie de l'homme. Ils sont dans le lieu, Vivants.

Lorsque vous respectez les êtres plus qu'eux-mêmes ne se respectent, ils prennent pour du mépris le respect que vous avez pour eux.

Premier clochard : Je ne sais pas où je serai demain.
Second clochard : Heureusement !

42

Je suis le premier des modernes à avoir identifié la maladie de l'homme ; de livre en livre, je ne fais que l'examiner sous tous ses aspects et en donner la description clinique ; c'est, à mon sens, l'unique moyen de préciser le traitement qui permettra d'en venir à bout ; je m'inscris en cela dans la lignée des prophètes juifs qui, dès leur apparition, ont repéré la maladie de l'homme et ont administré à l'homme, pour le guérir de l'homme, le remède de cheval qu'est le Juif.

43

J'avance.
J'avance en aveugle.
J'avance.
J'avance en éden.

Le Secret est incommunicable ; étant partout et d'abord en nous-mêmes, il échappe aux « savoirs ».

Guérir de l'homme.

L'homme : il hait les Juifs parce qu'ils occupent l'éden et qu'il n'aspire lui-même qu'à occuper l'éden. Mais la maladie de l'homme, qui ensorcelle l'édénien qu'il est, lui interdit de nommer son aspiration à l'éden ; il est jaloux des Juifs et mortellement humilié de ressentir qu'il est jaloux des Juifs. Ce n'est pas qu'il ne veut pas rejoindre les Juifs en éden, il n'aspire qu'à cela, mais pour le faire, il lui faudrait se changer en édénien et il ne s'en croit pas capable ; il fait du Juif un « youtre » parce qu'il ne peut pas admettre que tout comme le juif, il est un édénien.

J'avance.
J'avance en aveugle.
J'avance.
J'avance en éden.

L'érudit. Il se recouvre d'informations pour ressentir que sous ces informations, il existe, ce dont il ne serait pas sûr sans ce stratagème.

S'il est aussi difficile de croire en Dieu, c'est parce que croire en Dieu demande de remplacer notre foi en l'homme par notre foi en l'édénien qu'est l'homme à rebours de l'homme, et nous sommes tous des intégristes de l'homme.

Il y a au secret de tout être, un être, qui seul est lui, qui s'active frénétiquement à provoquer la disparition de la maladie de l'homme, qui l'étouffe.

La connaissance de l'Exil est la connaissance de la maladie de l'homme.

En voyant ce petit chien japper frénétiquement à mon apparition, j'ai songé qu'aucun de mes intimes ne m'avaient jamais manifesté une joie pareille ; mes intimes jappent peu.

Guérir de l'homme.

Pour bénir la vie, il faut être sûr de vivre à jamais ; pour être sûr de vivre à jamais, il faut bénir la vie.

Voir des morts là où les gens voient des vivants, des vivants là où ils voient des morts.

Je ne crois qu'en l'homme qui cherche le lieu et est prêt à tout pour le trouver.

Quand ils parlent des « illusions de la jeunesse », les gens âgés parlent des malversations de la jeunesse. Ils ont, en effet, perdu confiance en la jeunesse parce qu'elle les a trahis en faisant d'eux des vieillards. Ils n'aspirent pas à la retrouver mais à retrouver l'Origine, qui les rendra à la jeunesse d'Avant qui, elle, ne les trahira pas.

Il est difficile de respecter les hommes : des mystificateurs.

Plus on approche de la mort, plus on attend des autres qu'ils se consacrent à nous en débarrasser et on est horriblement déçu qu'ils ne le fassent pas ; ils admettent l'inéluctabilité de notre mort comme ils admettent l'inéluctabilité de la leur.

La bêtise : l'adoration de ce qui nous est néfaste.

Les « événements » : non pas des « événements » (bien qu'ils paraissent l'être), mais les moments, insaisissables sur le plan de la pesanteur, d'une unique transmutation de la pesanteur en légèreté, qui, lorsqu'elle sera achevée, restituera les hommes à la Légèreté.

S'étonner de ce que les hommes ne font que tuer, c'est s'étonner de ce que les tigres se nourrissent d'antilopes.

L'amour : aider les êtres à accueillir la révélation qu'ils ne sont pas des hommes mais des édéniens.

Qui déteste les Juifs déteste le courage ; l'antisémitisme n'est rien d'autre que la haine du courage.

Les hommes ont inventé la maladie pour combattre la maladie qu'est la santé.

L'avenir a disparu ; la disparition de l'avenir a donné à la vieillesse un terrible coup de vieux.

Ils s'embarrassent d'un énorme matériel et ils échouent, ils réussiraient s'ils entreprenaient de gravir la montagne avec leurs doigts.

Le jour du shabbat, le deuil, même le plus récent, est suspendu. Le shabbat demande de ressentir pleinement, un jour par semaine, qu'au secret de la pesanteur, est la légèreté, dans laquelle les morts sont vivants. S'abandonner au deuil, le jour du shabbat, consisterait à porter le deuil de quelqu'un, en sa présence, aberration dont le judaïsme a la subtilité de préserver les Juifs.

Que nous vivions à jamais implique que nous soyons en éden ; dissocier l'immortalité, de l'éden, c'est succomber à l'idolâtrie.

Le « monde caché » : l'éden, attentif à satisfaire le moindre de nos désirs, que dissimule la maladie de l'homme.

J'avance.
J'avance en aveugle.
J'avance.
J'avance en éden.

Personne ne supporte celui qui fait avec succès ce que lui-même rêve de faire et n'ose pas faire.

Plus vous vous consacrez à résoudre l'énigme de l'existence, plus vous paraissez naïf aux autres ; mais ce sont eux qui sont naïfs : rien ne se pourra pour personne, tant que ne sera pas résolue l'énigme de l'existence.

« Souffrir pour être, être pour souffrir », telle est la devise des hommes : ils confèrent une cohérence à la souffrance et y subordonnent tout. Ils veulent souffrir, ils veulent mourir, ils veulent que tout souffre et que tout meure. Ils adorent la souffrance et se targuent de l'adorer.

Le vice de la compassion, c'est qu'elle admet l'état du monde : elle fixe le puissant dans l'état de puissant et le misérable dans l'état de misérable : elle s'émeut du bâtonné en admettant la bastonnade.

La vie est bonne, très bonne, elle révélera son excellence à l'instant où l'ensorcellement qu'est l'homme prendra fin.

Rabbi N'ahman : « Le péché n'éteint pas la Thora » (Ve-ein averah Meklabah Thora).

Sholem : un homme du souterrain.

Ne devrait être déclaré « impur » que ce que nous sommes obligés de subir ou de faire subir parce que nous sommes non dans la vie mais dans la vie ensorcelée par la maladie de l'homme dont est affecté, en éden, le collectif. L'« impur » devrait désigner non un interdit moral mais le compromis que nous faisons avec la maladie de l'homme, en étant conscients que ce compromis deviendra inutile lorsque nous guérirons de la maladie de l'homme.

Les proches vous aident mais dans les choses secondaires, jamais dans les essentielles.

Un ami de Picasso meurt, la compagne de Picasso lui cache cette mort. Est-ce la bonne méthode ? Le peintre n'eût-il pas gagné à se pencher sur le scandale de la mort plutôt que de peindre ? Si parfaites soient les œuvres d'art, nous maintiennent-elles dans l'imaginaire qui s'interpose entre le lieu-sans-mort et nous ?

Ce monde : une image pétrifiante.

N'identifier la vie qu'à la légèreté ; dès lors qu'on l'identifie à la pesanteur, on alimente l'ensorcellement qui inféode à la pesanteur.

Le riche qui ne donne pas au pauvre : il est riche pour oublier qu'il est un pauvre et le pauvre le lui rappelle.

Guérir de l'homme.

« L'absence est insupportable mais la fausse présence l'est encore plus ; la fausse présence est une mer dans laquelle il est impossible de nager » (Mohsen Jelitti).

44

Un autre monde est là, qui tient compte de nous, que cache la maladie de l'homme.

Guérir de l'homme.

Pour réaliser quelque chose, il faut une ténacité folle et c'est précisément la ténacité qui manque le plus : elle seule donne les moyens d'attendre jusqu'à la fin : elle est l'énergétique des fins dernières.

Dès lors qu'ils vous croient faibles, même ceux qui vous étaient dévoués se montrent odieux ; ils vous seront à nouveau dévoués quand ils vous croiront forts.

L'affectivité ordinaire : le rapport de domination ou de subordination qui s'établit entre les êtres : les « affects », même les plus tendres, sont sa manifestation.

L'humour : le roulement à billes qui rend mobile la Création.

La « raison pure » : une mer Rouge qui ne s'ouvre jamais parce que les « rationalistes » lui interdisent de le faire.

Les « hommes » : des intégristes de la noyade.

Tuer ne pose aucun problème au soldat parce que, tuant un « ennemi » – un être préalablement défini comme « tuable » – , il ne tue personne, absolument personne mais il corrobore la définition qu'il a donnée de l'« ennemi ».

Qu'il est rare d'entendre quelqu'un dire quelque chose.

Là où nous avons l'expérience que rien ne suffit, nous avons l'intuition secrète que, par-delà la pénurie à laquelle est fixé le collectif, prévaut une abondance inouïe.

Ce que j'apprécie chez les Russes : leur anarchisme foncier. Ils partent toujours de leur moi et ne l'abandonnent jamais, c'est sur leur moi que se réfractent les énigmes qu'ils affrontent, en quoi celles-ci demeurent existentielles, même lorsqu'ils échouent à les percer.

Une famille de ragondins barbote autour de la péniche de Nicole. De charmantes créatures qui ne demandent que l'amitié. Je leur offre des bananes.

Aimer la vie, c'est accueillir la révélation que la vie ne se confond pas avec la pesanteur.

Les hommes : ils n'admettent pas que les Juifs ont trouvé le lieu mais ils ne cessent jamais de les persécuter parce qu'ils sont jaloux de ressentir que les Juifs ont trouvé le lieu.

L'homme. Un manipulateur. Il repère vos désirs les plus secrets et vous promet leurs réalisations. Il est très difficile à démasquer car il est conforme à votre nature d'édénien, que se réalisent vos désirs. Il maîtrise à fond l'art de flagorner. Il triomphe quand vous lui faites confiance et vous abandonne alors sans vergogne.

La foi entre deux êtres : quand elle est brisée, il ne reste rien entre ces êtres. Rien.

J'avance.
J'avance en aveugle.
J'avance.
J'avance en éden.

Franchir la limite isole.

Guérir de l'homme.

Être juif, c'est avancer en éden.

N'exclus rien ni personne.

Notre mental détermine le champ magnétique qui nous entoure, lequel détermine tout ce qui nous arrive ; nous nous trouvons toujours en face des mêmes situations parce que notre mental suscite toujours le même champ magnétique.

J'avance.
J'avance en aveugle.
J'avance.
J'avance en éden.

Substituer au dogme du salut par la Croix, qui fait de l'être humain un potentiel de supplices à subir et à infliger, la connaissance de la chimie édénique qui, depuis le peuple juif, dont Jésus fait partie, travaille à la transmutation des hommes en édéniens.

Le christianisme rejoindra Israël quand il verra en Jésus non un Dieu qui assigne à une expiation, mais un édénien qui révèle que tous les hommes sont des édéniens.

L'importance d'un auteur n'est pas liée à ses dits mais à leur radiance, qui manifeste ce qui en eux n'est pas de ce monde.

Les mystiques qui s'en prennent au moi et demandent qu'on le sacrifie à Dieu, ne connaissent ni le moi ni Dieu ; non seulement Dieu bénit notre moi mais il est Dieu parce qu'Il le bénit.

L'avarice n'est pas le simple refus de donner mais, plus largement, le refus de chercher et de trouver une abondance qui remplacerait la pénurie à laquelle le collectif humain est fixé ; tant qu'ils admettront de vivre dans la pénurie, les hommes, même les plus généreux, seront des pingres parce qu'ils n'auront pas les moyens d'être généreux.

Tout ce qui compte dans la vie ne doit pas être voulu mais attendu et se produit toujours par miracle.

Les hommes ne sont pas « méchants » mais ensorcelés.

Plutôt que de reconnaître les êtres à leurs empreintes digitales, on devrait les reconnaître à leur peur du ridicule ; rien n'est plus propre à quelqu'un que sa peur du ridicule.

Seuls échappent au meurtre ceux qui se posent comme édéniens ; ceux qui se posent comme hommes tuent même quand ils disent bonjour.

Les modernes n'ont pas perdu l'espoir mais le désespoir. Perte dont ils sont inconsolables : le désespoir permettait toutes les malversations, il permettait… l'homme.

Trouver l'édénien, présent au secret de l'homme ; mais les hommes ne veulent pas de l'édénien : ils « font l'homme » et manquent de l'humilité de le défaire.

45

J'avance.
J'avance en aveugle.
J'avance.
J'avance en éden.

L'homme est une maladie ; tant que nous nous réclamerons de l'homme, nous demeurerons des malades de l'homme et perdurerons dans le Meurtre.

Les Juifs. Ils échappent à l'homme parce qu'ils occupent un lieu, découvert par-delà l'homme.

Être Juif, c'est être guéri de l'homme.

La révolution de l'éden dont le peuple juif est l'énergétique, provoque la transmutation des hommes en édéniens.

En révélant qu'il est un non-lieu, le Meurtre nous a joué un tour pendable : nous ne faisons que tuer et le Meurtre, parce qu'un non-lieu, est désormais pour nous un impossible.

Nous changer en édéniens.

Le Secret : une énergétique ; ce qui explique la fascination et l'effroi qui entourent les Juifs, connectés au Secret.

La « pensée » : elle n'est que pour autant que nous ne sommes pas et elle s'éteindra quand nous... serons.

Les êtres n'existent pour l'ambitieux que par le « succès » ; le « succès » les fait être ou ne pas « être ». Là où n'est pas le « succès », il n'y a rien ni personne. Il sacralise, sous l'appellation de « succès », le rapport de forces quand il joue en sa faveur et il en perd toute imagination d'un lieu que ne déterminerait pas le rapport de forces, qui cependant est là.

L'homme : l'ensorcellement qui s'interpose entre l'éden et chacun.

Vous pouvez bien vous déplacer en Roll-Royce, vous n'êtes qu'un pouilleux parce que vous êtes *né*.

Quand, en 1902, un tremblement de terre détruisit Saint-Pierre, à la Martinique, le seul rescapé fut Cyparis, que protégea le cachot de la prison de Saint-Pierre, dans lequel il était enfermé.

La haine des « autres » : la haine des fantômes, qui, recouvrant les édéniens que sont les « autres », rend impossible tout contact avec ces édéniens.

Les hommes vivent dans l'humiliation, étant des édéniens de s'être changés en hommes et de ne pas oser se changer d'hommes en édéniens.

Guérir de l'homme.

Les cornacs dressent les jeunes éléphants en mettant autour de leurs chevilles d'énormes chaînes qu'ils ne peuvent briser ; les jeunes éléphants essayent de briser les chaînes mais ne le pouvant pas, renoncent à les briser, les cornacs substituent alors aux énormes chaînes, des chaînes de plus en plus fines jusqu'à remplacer celles-ci par un simple fil. Les jeunes éléphants pourraient très facilement briser ce fil mais ils ne tentent même pas de le faire. L'explication que l'on donne de leur comportement : le dressage qu'ils ont subi les a persuadés que les énormes chaînes sont toujours là et ils prennent le fil pour elles ; mais il y a une autre explication, plus subtile : c'est que, là où, même un simple fil entoure leurs chevilles, les éléphants sentent que la menace est partout parce que la création n'est pas dans l'état d'excellence dans lequel elle était à l'Origine : ce n'est pas le fil qu'ils redoutent mais la menace qui est partout, dont le fil est l'indicateur tout autant que l'étaient les chaînes.

Transmuter les irréversibles en l'inéluctabilité des apothéoses.

46

Ce que l'audace a d'extraordinaire : elle précipite dans le Nouveau, lequel est toujours le Divin.

La question du salut ne se pose pour personne parce que personne n'est perdu.

Quel énorme contresens à commettre (et commis partout !) sur les hommes et sur leur aspiration à faire retour à la conscience de l'éden, qui est leur seule aspiration, que de croire, parce que les hommes ne l'osent pas, qu'ils aspirent à ce à quoi ils disent aspirer : ils ne varient que par l'audace de réaliser leur aspiration à faire retour à l'éden.

Le commencement et la fin, dont nous avons l'expérience, ne sont ni le commencement ni la fin, le véritable commencement et la véritable fin sont par-delà le commencement et par-delà la fin et sont captifs en nous.

Bien et mal : non un couple de contraires mais une police à deux têtes, qui assigne au non-lieu qu'est le monde ; une police qui a tout pouvoir parce que les hommes lui ont donné tout pouvoir.

Guérir de l'homme.

L'homme : un édénien qui, voulant croire qu'il est un homme, n'y arrive pas... parce qu'il est un édénien.

Plus le monde dévoile qu'il est un non-lieu, plus les activités humaines, qu'elles se réclament d'un « bien » ou d'un « mal », dévoilent, qu'adaptant au non-lieu qu'est le monde, elles interdisent la vie, qui ne saurait jaillir que du lieu, retrouvé par-delà le monde et par-delà bien et mal qui y assignent.

Toutes les activités humaines s'équivalent ; procédant d'un bien ou d'un mal, qui interdisent également l'éden, elles ne font que propager la maladie de l'homme.

Méfiez-vous de ceux qui vous aiment : presque toujours, ils immolent votre éden à leur amour.

Les hommes n'ont pas les moyens d'une solidarité ; le bien, par le moyen duquel ils entendent se solidariser, tout comme le mal, les interdit l'éden et en les interdisant d'éden, leur interdit la solidarité.

C'est improprement que nous distinguons le « philanthrope » de l'« exterminateur » : l'un par son « bien », l'autre par son « mal », se maintiennent et nous maintiennent dans le non-lieu qu'est le monde et conspirent à la même œuvre de mort.

Qu'il fasse le bien ou le mal, l'homme ne fait que se maintenir dans la mort (et tuer) parce qu'il ne fait que s'interdire d'éden.

On devrait interdire que notre nom soit prononcé : qui le prononce nous ensorcelle à l'homme.

J'avance.
J'avance en aveugle.

J'avance.
J'avance en éden.

Nous sommes dans le monde, dans lequel il n'y a pas de justice et cela nous navre. Nous avons cependant bien tort d'être ainsi navrés. Que dans le monde, qui est la maladie de l'homme, il n'y ait pas de justice, cela veut dire que nous ne sommes pas faits pour le monde ; qu'il y a plus pour nous, beaucoup plus, qu'une « justice » ; qu'il y a pour nous un lieu, au secret du monde, qu'il dépend de nous de faire émerger.

47

Il y a un antagonisme entre l'homme et l'éden ; cependant, l'homme ne peut pas vivre sans l'éden.

Se demander ce que c'est qu'un caillou avec la même passion que l'on met à se demander qui on est.

Guérir de l'homme.

« Le plus sûr lieu pour une mouche qui ne veut point mourir écrasée est la tapette elle-même » (Lichtenberg).

L'homme : on n'entend rien à lui si l'on n'entend pas que, quoi qu'il fasse, il ne fait que s'adapter à celui qu'il n'est pas.

Le monde : une énigme afférente au moi et non le moi une énigme afférente au monde.

J'avance.
J'avance en aveugle.
J'avance.
J'avance en éden.

J'ai guéri de l'homme et j'ai trouvé l'éden, au secret de l'homme.

Guérir de l'homme.

La « science » : la somme des démissions.

J'avance.
J'avance en aveugle.
J'avance.
J'avance en éden.

Quelle aberration que de croire que la vie ne se peut que par la succession d'êtres qui ne naissent que pour mourir !

Nous nous demandons ce que nous devons faire pour les générations qui nous suivent mais nous ne nous demandons pas ce que nous devons faire pour les générations qui nous précèdent. Il serait cependant bien plus judicieux de nous préoccuper de disparus que d'êtres qui ne sont pas encore.

Que faire pour l'homme des cavernes ? Comment lui porter secours ? Voilà une question que, bien à tort, dédaignent les philanthropes.

Guérir de l'homme.

Le Temps : une métaphore du lieu-sans-mort. Il transmute le non-lieu qu'est l'Histoire en le lieu-sans-mort.

L'ambition : la caricature monstrueuse de la sainteté ; l'ambitieux est prêt à tout non pour trouver Dieu mais pour cacher qu'il ne l'a pas trouvé.

Quel fourvoiement chez Socrate ! Il s'induit de la maladie de l'homme et, croyant se saisir de lui-même et se « connaître », il se pose comme homme au lieu de se poser comme édénien.

Je suis l'homme le plus joyeux que je connaisse.

Nous ne pouvons aimer les êtres qu'à travers la médiation de l'éden qui révèle qu'ils sont des édéniens. Sans cette médiation, nous sommes forcés de les haïr car ils nous renvoient l'image de l'homme, laquelle image est celle de l'inéluctabilité de notre mort.

« Défaite » et « victoire » doivent se lire non selon elles mais selon la fin messianique : il y a ainsi des victoires qui sont des défaites, des défaites qui sont des victoires (celles qui participent de la fin messianique).

Les hommes ne condamnent jamais sérieusement (même lorsqu'ils semblent le faire), ceux qui font ce qu'eux-mêmes aspirent secrètement à faire : ce serait se condamner eux-mêmes.

Cet homme n'a qu'un défaut, mais rédhibitoire : il ne croit qu'au « succès ».

Le Sacré est né lorsque l'édénien qu'est l'homme s'est transmuté en homme : il eut alors le besoin d'établir en vérité, le mensonge qu'il était devenu et il inventa le sacré qui sacralisa ce mensonge.

La définition que les hommes se donnent du Sacré. Elle explique l'étrangeté de leurs comportements : est défini comme étant le Sacré, non pas ce qui les corrobore comme édéniens mais ce qui les dément comme édéniens et les fixent comme hommes ; ils érigent des idoles, qui les bafouent mais qui, en les bafouant, leur font tout de même ressentir secrètement qu'ils ne sont pas les créatures des idoles (des hommes), mais des édéniens.

Les tribunaux ne sont pas faits pour rendre la justice mais pour veiller à ce que ne se produise pas le dévoilement de l'éden.

Quand les modernes (à la suite des Grecs) prônent l'*amor fati*, ils mentent : ils n'ont simplement pas expérimenté, parce que préservés du soi-disant *fatum*, à quel point celui-ci est incompatible avec leur propre moi. Ils se payent de mots ; dans le conflit avec le *fatum*, l'homme se ressent par-delà le *fatum*, l'audace qui le ferait se rejoindre, ne lui demande pas d'ériger le *fatum* en impératif mais de découvrir un lieu par-delà tout *fatum*.

Le *fatum* nie que nous existions ; prétendre qu'on l'aime est un mensonge, c'est prétendre qu'on aime s'asphyxier.

Le fataliste ne croit pas que quelque chose puisse lui être bon. Il adore ce qui lui est néfaste. Il est l'homme de main de ce qui lui est néfaste.

J'avance.
J'avance en aveugle.
J'avance.
J'avance en éden.

Le Secret : l'éden, présent au secret du monde.

48

Quiconque croit qu'il est un homme immole à cette croyance l'édénien qu'il est et succombe à la maladie de l'homme.

J'avance.
J'avance en aveugle.
J'avance.
J'avance en éden.

S'il est aussi difficile d'admirer, c'est que peu d'êtres sont admirables.

La véritable pensée ne consiste pas à penser mais à vivre pleinement.

Comme ils sont naïfs, ces historiens penchés sur les « hommes du passé », qui n'ont pas conscience que ceux-ci ne sont pas dans le « passé » mais dans le présent qu'est le Secret.

On ne peut pas faire marche arrière parce que l'arrière est devant nous.

Hobbes donne à l'adaptation à l'Histoire, selon lui indispensable, la modalité de l'État moderne. Que l'Histoire ne soit qu'un non-lieu auquel il est impossible de s'adapter, qu'il faut quitter pour un lieu à découvrir par-delà elle, il n'y songe pas. Il escamote le fait essentiel, que l'Histoire, qui, par la médiation de l'État, fait de l'individu, un citoyen, fait de l'individu, un fantôme parce qu'elle fait de lui l'occupant d'un non-lieu ; il ne peut ni constater, ni admettre que l'État est le trou noir qui aspire les êtres et les fait disparaître ; il ne repère pas dans l'homme, la maladie de l'homme.

Guérir de l'homme.

Ne méprise pas la naïveté : c'est en elle que sont conservées les merveilles crues perdues.

Là où l'homme fait du sur-place, le Juif, lui, avance, il avance dans la métaphore de son moi retrouvé qu'est l'éden et provoque en avançant l'évanouissement de la pesanteur.

Je ne cherche pas d'abord à faire entrer dans la tête du lecteur, ce que je pense mais à y faire entrer que ce que je pense est pensable ; *la Pensée de l'Inouï* est si… inouïe qu'elle semble impensable et que la concevoir seulement est un stade indispensable à sa réception.

Puisque la pomme est le poison, la seule chose à faire est d'empoisonner la pomme.

Les pensées : non pas des pensées mais des positions tenues dans le Secret.

La maladie de l'homme nous fait naître et mourir parce qu'en provoquant la disparition de l'éden, elle provoque notre transformation d'édéniens en hommes.

Nous ne sommes des Vivants que dans les instants où nous suspendons le rôle de l'homme auquel la société – et la « physiologie » – nous assigne.

L'éden : il nous change de statut ; changer de statut : être changé en édénien.

Qu'est-ce que l'éden ? L'Origine, présente au secret de la pesanteur.

Repérer l'éden, nous lier à lui.

49

En quittant l'Égypte avec les Hébreux, Moïse entre dans l'éden et guérissant les Hébreux, de la maladie de l'homme, enclenche la guérison de l'homme, de tous les hommes.

J'avance.
J'avance en aveugle.
J'avance.
J'avance en éden.

Si nous voyons les êtres, nous les verrions tout à la fois, horribles et merveilleux ; mais nous ne voyons en eux que des « braves gens » ou des « monstres », parce que nous échouons à voir en eux des édéniens.

Les « cultures ». Elles blanchissent l'Exil et rendent inimaginables que nous soyons des édéniens.

La foi : elle cherche et trouve l'édénien au secret de l'homme, elle repère dans l'homme, le fantôme qui recouvre les édéniens que sont les hommes.

L'inspiration est proportionnée au degré de connaissance de l'Exil.

Aimer en la femme, non la femme mais l'édénienne.

Guérir de l'homme.

L'homme est si honteux de ne pas oser être l'édénien qu'il est, que, parachevant l'emprise sur lui de la honte, il endosse définitivement le rôle – et l'aspect – de l'homme.

Guérir de l'homme.

L'homme : un édénien que la maladie de l'homme rend fou.

Par leur bien tout autant que par leur mal, les hommes ne font, au lieu de la guérir, que propager la maladie de l'homme.

Seule la désignation de la maladie de l'homme nous ferait récupérer l'Origine ; nous crevons de ne pas repérer la maladie de l'homme.

On pardonne à ceux dont on n'attend rien parce qu'on n'a rien à leur pardonner.

Plus les gens se réclament d'une solidarité, plus ils multiplient les charniers.

L'expérience : non le moment de la connaissance et maîtrise du monde qu'elle semble être mais le moment de la saturation du monde ; la lire non selon le monde mais selon l'autre monde, qu'elle dément, mais dont, bien qu'elle le démente, elle provient.

Guérir de l'homme.

En dévoilant que le Meurtre est partout, la Shoah montre que l'homme est un ensorcellement et met fin à la mystification de l'« humanisme ».

Dès que l'on entre en contact avec les gens qualifiés de normaux, on entre dans le champ magnétique d'une folie, dans lequel tout ce qui touche à l'éden devient impossible ; on est forcé alors de blanchir la folie et de se rendre aveugle à elle ou de prendre la poudre d'escampette.

Un atome du monde suffit à placer sous son hypnose car il contient la totalité du monde.

50

J'avance.
J'avance en aveugle.
J'avance.
J'avance en éden.

Naître rend fou.

51

J'avance.
J'avance en aveugle.
J'avance.
J'avance en éden.

Si les conflits entre frères sont aussi virulents, c'est parce que rien plus qu'être « frères » ne rappelle à des frères qu'ils sont *nés* : vous déambulez en costard, le frérot rapplique avec un nombril.

J'avance.
J'avance en aveugle.
J'avance.
J'avance en éden.

Si Caïn a tué Abel, c'est parce qu'Abel avait un nombril.

52

Si l'Histoire est horrible, c'est parce qu'elle ne se peut que par la maladie de l'homme, dont sont affectés les édéniens que sont les hommes.

Demander à l'homme de guérir l'homme, c'est demander à un cancer de guérir un cancer.

Les Juifs recouvrent d'étoffe les miroirs de leurs maisons quand ils sont dans le deuil, « afin de ne pas fixer le malheur en fixant leurs visages d'affligés ».

Quand le Temps pleure, le Messie pleure aussi.

L'homme : plus il croit qu'il est un homme, plus il oublie qu'il est un édénien et devient fou.

Mon rejet de Spinoza et des penseurs de l'Éthique : ils n'ont pas vu, parce qu'ils étaient eux-mêmes atteints de la maladie de l'homme, que l'homme est une maladie et ils ont appelé « santé », cette maladie.

L'« Éthique » (au sens spinoziste) : l'idolâtrie de la maladie de l'homme, non constatée.

Si je me sens aussi Juif, c'est parce que, tout comme les prophètes juifs, j'ai repéré la maladie de l'homme et je me suis assigné à sa guérison.

Guérir de l'homme.

Nul n'est aussi bête que sa bêtise le laisse accroire.

Se tuer ne sert à rien, c'est trouver la vie-sans-mort, qu'il faut.

Tout emprisonnement implique : 1) Que nous ne sommes pas faits pour la prison, 2) Qu'une vie libre attend par-delà toute prison.

Les édéniens que sont les hommes ne font que récuser dans le Secret, les idoles qu'à la surface, ils adorent. Ils feignent d'adorer des idoles pour cacher qu'elles fixent leur honte d'éden et qu'ils n'aspirent qu'à guérir de cette honte, qui les ensorcelle à l'homme.

J'avance.
J'avance en aveugle.
J'avance.
J'avance en éden.

On échoue parce qu'on croit qu'on échoue.

Nous ne sommes pas plus faits pour naître que pour mourir.

On ne peut perdre que les merveilles qui sont en nous et on ne peut les perdre que pour autant que l'on perdure dans l'ignorance qu'elles sont en nous.

Le lieu est présent et actif partout, il est présent et actif, même là où nous le déclarons absent et impossible.

Nous occupons un lieu-sans-mort (l'éden) que le processus de la génération dissimule, dans lequel nous sommes des Vivants ; si tel n'était pas le cas, nous ne pourrions pas vivre un seul instant.

Othello célèbre ses mérites, il le fait, lui, un Noir, devant les doges racistes de Venise, il n'est pas amoureux d'une pauvre fille mais de la fille d'un puissant doge : dès que la pièce commence, son immense vanité a fait du moindre soupçon qu'il portera sur la fidélité de Desdémone, le cyclone qui l'anéantira ainsi que Desdémone.

La folie est partout dans Shakespeare parce que l'homme y est partout.

Guérir de l'homme.

Les enfants que leurs parents détestent. Ils en sont mortellement humiliés et identifient la vie à l'humiliation. Vie et humiliation n'ont cependant rien en commun, en les confondant, l'enfant humilié manque la vie, qu'il charge des attributs de l'humiliation.

Seule la désignation de l'Exil rend réels, là où l'Exil est blanchi, nous ne sommes que des fantômes.

La maladie de l'homme : elle fait accroire aux hommes, que dans l'état d'homme, ils sont réels tandis même qu'ils ne font que ressentir qu'ils ne le sont pas.

J'avance.
J'avance en aveugle.
J'avance.
J'avance en éden.

Dès lors que l'on s'éloigne de l'intuition d'être un unique et parce qu'un unique, un édénien, on abstrait et on succombe au langage, qui met en relation, au lieu des édéniens, les fantômes que sont les hommes, tout en rendant indécelable que les hommes sont des fantômes.

Ne laissez pas les morts enterrer les Vivants.

Même le meurtre et la mort, qui les démentent comme hommes, sont secrètement ressentis par les hommes comme une métaphore de l'éden, à l'intérieur de laquelle tout est possible.

Ils s'agrippent à l'histoire fausse et la crédibilisent en se frappant de son fouet.

Je ne suis pas un homme, je suis un édénien.

Guérir de l'homme.

Le Juif a pour lui l'éden et il a contre lui la peur du ridicule qu'est l'antisémitisme, qu'il déclenche dans les hommes, ceux-ci se sentant, confrontés au Juif, ridicules, étant des édéniens, de croire qu'ils sont des hommes.

« Quand vous prenez une décision, ne vous mettez jamais dans la peau de l'autre car c'est le plus sûr moyen de commettre une terrible erreur » (Staline).

En déclarant que le monde est « absurde », nous ne faisons que nier et dissimuler que nous le suscitons nous-mêmes et que son absurdité n'est pas en lui mais dans le choix que nous faisons de le susciter.

Les gens. Leur être contredit l'idée qu'ils s'en font qu'ils induisent de l'expérience. Ils accumulent l'« expérience », qui fait d'eux des « hommes », au lieu, se débarrassant de l'« expérience », de se poser en édéniens.

Élevés en Chine pour être mangés, les chiens y sont aussi stupides que des bovins et la même chose arrive partout aux hommes : stupides parce qu'élevés pour être mangés.

Quelle stupidité que de réclamer le « droit à la différence », le seul droit à réclamer est celui à l'émergence.

Comme les gens méchants sont efficients ! La méchanceté d'un seul être peut provoquer des dégâts illimités, le méchant, même le plus insignifiant, est toujours dangereux, il est comme le petit feu qui, dès lors que les circonstances le permettent, anéantit la forêt.

Plonger par-delà « passé-présent-futur », dans un élément autre – le paradis – que « passé-présent-futur » dissimulent.

L'homme : il ne fait que se bafouer pour cacher la honte d'être homme au lieu d'édénien.

En aplatissant les enjeux inouïs, on ne résout pas l'Énigme, on la ramène à de si petites proportions qu'on peut croire qu'on peut se passer de la résoudre.

Bien que nous ressentions que les « autres » ne sont des « autres » que parce que des fantômes, nous sommes mystifiés par la fausse lecture que nous en faisons, qui nous fait croire qu'ils sont réels.

Il n'y a pas à « justifier » la vie mais à la rendre à elle-même.

Les adultes sont ce qu'ils ont choisi d'être, les enfants, eux, ne sont pas ce qu'ils ont choisi d'être mais ce que les adultes ont choisi qu'ils soient.

Il n'y a rien de plus insupportable aux édéniens que nous sommes, qui ne naissent ni ne meurent, que la naissance.

Ce qui nous préserve de la circonstance, c'est que nous sommes plus larges qu'elle.

À Cioran, qui me faisait l'éloge du suicide, je ne pus m'empêcher de dire : « Réfléchissez-y tout de même avant de vous tuer : vous risquez de vous retrouver sur un pal ! » En fiabilisant la mort, qui fait partie de la vie fausse, à proportion du soupçon qu'il entretient sur la vie fausse, Cioran me faisait l'effet d'un Cohen qui pour échapper à l'antisémitisme se ferait appeler Lévy.

54

J'avance.
J'avance en aveugle.
J'avance.
J'avance en éden.

Les hommes mettent en scène les hommes, qu'ils ne sont pas et font disparaître les édéniens qu'ils sont. C'est parce qu'ils n'osent pas dévoiler qu'ils sont des édéniens, qu'ils s'abandonnent au rôle de l'homme, qui leur extorque les plus monstrueux comportements. Ils ne sont cependant jamais, si monstrueux soient leurs comportements, les monstres qu'ils semblent être.

Guérir de l'homme.

Faire comme si les hommes n'existaient pas, habiter la métaphore (Israël), à l'intérieur de laquelle ils existeront un jour, non comme hommes mais comme édéniens.

Le nihilisme : l'aveuglement de l'homme sur l'édénien qu'il est, lu selon l'homme que l'homme croit qu'il est.

L'homme : la folie à laquelle le Juif oppose la folie plus grande qu'est l'éden, qui force l'homme à se transmuter en édénien.

L'extraordinaire, ce n'est pas que les hommes s'entretuent, c'est qu'ils ne le fassent pas toujours, c'est qu'il leur arrive de se dire bonjour sans se flinguer.

Celui qui se venge, le fait pour échapper au ridicule d'être incapable de concevoir les restitutions inouïes qui seules mettraient fin au préjudice subi.

Il ne croit pas en Dieu parce que Dieu n'arbore pas de médailles.

On est toujours sincère quand on reçoit un coup.

L'homme : il fait jaillir des poulets en carton de son chapeau et persuade le public qu'ils sont vivants en faisant cocorico.

J'avance.
J'avance en aveugle.
J'avance.
J'avance en éden.

Les hommes ne sont réels que lorsqu'ils sont édénéiquement connectés les uns aux autres, ils ne sont que des fantômes (et des ennemis mortels…) quand ils ne le sont pas.

Saisir l'instant non comme instant mais comme moment du retour à l'éden.

Celui qui n'a jamais été humilié ne sait pas ce qu'est l'humiliation. Celui qui n'a jamais été malade ne sait pas ce qu'est la maladie. Celui qui n'a jamais eu faim ne sait pas ce qu'est la faim. Celui qui n'a jamais été envoyé en prison, ne sait pas ce qu'est la prison.

Le langage. Il établit une cohérence et y intègre tout, il fait de l'homme un possédé de la cohérence : un fantôme évoluant dans un monde fantomatique.

Mon principal trait de caractère : la fantaisie ; mais les gens se prennent tellement au sérieux que ma fantaisie leur parvient rarement.

C'est l'homme que Jésus récuse et auquel il oppose l'édénien qu'est secrètement chacun.

Les hommes ne se comprennent que dans les instants où ils reçoivent le même coup de pied au cul.

Gabel : « On a observé des cas d'aphasiques incapables de mentir ; ceci non point en raison de scrupules moraux, mais par suite de la structure particulière de leur démarche intellectuelle. »

Ne croire qu'au « succès » : immoler ce que l'on a de meilleur au fantôme que la société fait de nous.

« Fais à ton prochain tout ce que tu ne voudrais pas qu'on te fasse » : là est l'impératif moral, inhérent à toute vie sociale.

Guérir de l'homme.

Je n'ai jamais eu le sentiment de perdre mon temps en me consacrant à la quête de l'éden : elle m'a procuré des joies immenses et me garantit que tout me sera rendu au centuple.

Les hommes ont inventé la maladie pour échapper à la maladie qu'est la santé ; ils ont inventé la folie pour échapper à la folie qu'est le bon sens.

Les Juifs : ils ne doivent pas allumer de feu le jour du shabbat, ils auraient affaire alors au feu qui dévaste et risqueraient d'oublier que le feu est tel non parce que c'est sa nature mais parce que les hommes, suscitant et adorant la maladie de l'homme, le rendent dévastateur.

« Ce sont des justes à quatre pattes », me dit des chiens mon ami clochard.

Être béni : être rendu à la conscience de l'éden.

Vis dans la légèreté.

L'homme n'aspire qu'à être démenti parce que tout ce qui le dément l'affirme comme édénien.

Voir en tout nouveau-né, un édénien à guérir de l'homme.

« Comment, dans un monde de fantômes, ne pas être nous-même un fantôme ? » Telle est l'unique question que nous nous posons, à laquelle tous nos comportements sont les réponses.

L'ambitieux veut différer des autres, pour ne pas être, comme les autres, un fantôme ; mais il ne peut le faire qu'en se comparant aux autres, ce qui a pour effet pervers de le rendre semblable aux autres et de faire de lui un fantôme.

Premier clochard : Nous finirons par parvenir à bon port.
Deuxième clochard : Oui, mais dans des ventres de requins !

55

Le Bien moral : il exige d'aimer le prochain, mais celui-ci est impossible à aimer parce que sur le plan où est établi le Bien moral, le prochain est un fantôme : vérifier que le prochain est un fantôme, en lui infligeant tous les supplices que l'on s'épargne à soi-même est alors le seul comportement conforme au « Bien », lequel aura substitué la torture du prochain à l'amour du prochain, pour s'exaucer comme « Bien ».

L'« autre » n'est pas un « autre » mais un édénien, l'amour de l'autre dans l'état d'« autre », est la plus répugnante des mystifications car il est impossible.

« Pour malveillants que soient les hommes et si peu tendres au prochain, ils conviennent volontiers sur la bonté d'un des leurs, tant ils sont peu envieux de ce genre de supériorité » (Jean Rostand).

J'avance.
J'avance en aveugle.
J'avance.
J'avance en éden.

Les langues : elles ne confèrent pas le pouvoir de nommer mais de rendre irréel. Elles transforment leurs locuteurs en des fantômes (des morts), évoluant dans un monde fantomatique. Chaque peuple est, de par sa langue, une agrégation particulière de fantômes.

Les hommes ne font que se bafouer afin de démentir qu'ils sont des hommes et ressentir qu'ils sont des édéniens.

Il est si contraire à notre nature d'édéniens d'être exposés au danger que rien ne nous est moins imaginable que le danger qui ne nous menace pas directement.

Les hommes aiment la mort parce qu'elle dément qu'ils sont des hommes ; en démentant que les hommes sont des hommes, la mort dit que tout est possible.

« Il est mort ! » est entendu secrètement par chacun : « Il a échappé à l'état d'homme ! »

« Vive la mort, qui est comme l'eau, qui nous lave et nous rend beaux ! » : voilà, s'ils étaient sincères, ce que les gens crieraient aux enterrements.

Nous ne réussirons rien tant que nous ne nous serons pas débarrassés de la maladie de l'homme ; la maladie de l'homme est l'unique obstacle à la réussite de nos entreprises.

Guérir de l'homme.

Nous échouons à soulager la souffrance parce que nous croyons que toutes les souffrances sont les mêmes alors que toute souffrance est rendue unique par l'unique qu'est chacun.

Même quand nous recevons le même coup, ce n'est pas le même coup parce que nous ne sommes pas les mêmes.

J'avance.
J'avance en aveugle.

J'avance.
J'avance en éden.

Les hommes ne sont des Vivants que lorsqu'ils font Alliance avec le Temps.

Les ascètes dénoncent le désir mais ils ne dénoncent jamais leur désir d'éteindre le désir, qui est le plus virulent des désirs.

Savoir, ce n'est pas détenir une information, c'est avoir vécu dans son corps une situation. L'avoir vécue totalement.

Ce que l'on n'a pas vécu, on ne le sait pas. On ne le sait pas, même quand on croit le savoir.

Qu'est-ce qui nous fait distinguer la mort violente, de la mort naturelle ? La mort violente n'est-elle pas naturelle ? La mort naturelle n'est-elle pas violente ? Quelle que soit la manière dont elle procède, la mort n'est-elle pas toujours un assassinat ?

56

Le livre inspiré : un levier pour soulever le monde.

La pesanteur : un miroir déformant (on s'y voit mortel tandis qu'on est immortel).

Ce qu'il y a de plus extraordinaire : assis sur un tonneau de dynamite dont la mèche est allumée, les gens jouent tranquillement aux cartes.

Le pessimiste : il voit la vie en noir parce qu'il porte des lunettes de soleil.

Les gens sont avec nous comme ils sont avec eux-mêmes.

Veblon : « Toute classe est mue par l'envie et rivalise avec la classe qui lui est directement supérieure dans l'échelle sociale, alors qu'elle ne songe guère à se comparer à ses inférieurs ni à celles qui la surpassent de très loin. »

« Seule la descente aux enfers nous ouvre la voie de l'apothéose » (Hamann).

En fait d'égalité, les hommes n'auront réussi qu'à se rendre égaux devant la menace qu'ils sont les uns pour les autres.

Un client achète un sandwich à l'éléphant, le vendeur lui remet deux tranches de pain. « Et ma tranche d'éléphant ? » demande le client. « Servez-vous donc vous-même ! » dit le vendeur au client en lui tendant un couteau et il lui désigne un éléphant... vivant.

On ne devrait pas dire des assassins qu'ils sont monstrueux mais qu'ils sont ridicules.

Concevoir un monde pour l'édénien qu'est l'homme, présent au secret du monde.

Il ne suffit pas de pressentir que l'autre monde est là, il faut y pénétrer ; on n'y pénètre qu'en pulvérisant le monde en soi-même.

Le Temps : la présence du Lieu dans l'Histoire.

Les gens font le bien pour se préserver du dégoût que leur inspirent ceux à qui ils le font ; il n'y a rien de tel, en effet, que le bien fait au malheureux pour vous démontrer que vous êtes d'une tout autre espèce que le malheureux.

Le langage nous cache que, pour nous permettre d'entretenir l'illusion de maîtriser le monde, il fait de nous, au préalable, des fantômes.

Le suicide : l'option, induite de la croyance erronée, que le non-lieu, qui recouvre le lieu, est le lieu.

Donne-toi à la Création, créée pour toi.

L'homme : l'ensorcellement qui provoque la disparition apparente mais non réelle, du paradis.

L'homme ne peut pas détruire le paradis, le paradis est le paradis parce qu'il est indestructible.

Guérir de l'homme.

Que les hommes ne puissent pas détruire le paradis, là est la bénédiction qui les maintient au paradis malgré leur folie destructrice.

Ne crois jamais lorsque tu souffres, que tu souffres de ce que le paradis n'existe pas mais souviens-toi que tu souffres de ce que le dévoilement du paradis, dans lequel tu es, tarde à se produire.

Si les hommes attachent une aussi grande importance à l'apparence, c'est parce qu'ils ne sont des hommes qu'en apparence.

Qu'y a-t-il de plus mortel ? La honte.

J'avance.
J'avance en aveugle.
J'avance.
J'avance en éden.

Perdre nos proches ne devrait pas nous inciter à un nihilisme mais à nous rassembler sur nous-mêmes et à ressentir que nous sommes dans l'éden, dans lequel nos proches sont vivants.

La vie n'est pas ; mais nous n'osons pas constater son absence et nous nous cachons, dans l'estimation que nous croyons faire d'elle, qu'elle n'est pas. Si cependant, nous osions constater qu'elle n'est pas, elle serait.

Ces dernières années, j'aurai, par la force des circonstances, vécu dans des conditions d'austérité en tous points contraires à ma nature, mais je ne m'en plains pas : cela m'a maintenu dans la conscience de la maladie de l'homme, indispensable à la rédaction de mes livres ; ceci dit, j'aspire à retrouver le flamboiement de mes belles années.

La véritable histoire de la marionnette est celle de la main qui tient son fil.

Les prophètes juifs ont trouvé le lieu parce qu'ils n'ont abandonné aucun être ; ils ont trouvé le lieu parce qu'ils l'ont trouvé même pour leurs ennemis. Le lieu est le lieu parce qu'il est le lieu de tous les êtres. Tous sans exception.

Lichtenberg. Il nimbe le banal d'étrangeté. Il repère la face cachée de la raison pure, que n'ont ni repérée, ni pressentie, les hommes des Lumières.

La maladie de l'homme varie dans l'expression mais demeure toujours la même : c'est toujours l'homme qu'elle promeut, au lieu de l'édénien.

Dieu nous exauce toujours.

Kafka : il cherche le paradis mais ne le trouve pas et s'ensorcelle à sa recherche – ses écrits ne dénouent pas mais parachèvent son ensorcellement.

En posant l'homme au lieu de l'édénien, les tautologies de la Chute que sont les « cultures », provoquent la transmutation du paradis, dans lequel nous sommes, en le camp de la mort qu'est le « monde ».

Diversifiant la façon dont les hommes se posent comme hommes au lieu de se poser comme édéniens, elles diversifient la maladie de l'homme.

Il avait séjourné sur la péniche, puis j'avais perdu sa trace. Ce n'est que récemment qu'un ami commun m'a communiqué son numéro de téléphone et que j'ai pu reprendre contact avec lui. Il vit dans la région de Toulouse et il est toujours marionnettiste. Il me rend visite : il a beaucoup grossi mais il n'a pas changé : il est toujours aussi baroque, allumé, explosé, poétique. Il est plein de plaies et de bosses car il a dû conquérir son existence de poète en en payant le prix, cependant, il est intacte et magnifique. Il a vécu toutes ses folies et il les vit encore : c'est un Vivant. Sa femme et sa petite-fille l'accompagnent, l'une et l'autre, charmantes. Sa visite me fait une joie immense car les Vivants sont rares, notamment à Paris, qui est une ville des morts.

Le mot que la Bible prête à Dieu lorsque la mer Rouge se referme sur les soldats égyptiens et que les Hébreux se réjouissent : « Comment ? Mes enfants se noient et voilà que vous vous réjouissez ! »

La pesanteur : une fiction générée par le collectif. Ce n'est pas la pesanteur, mais la croyance générale que la pesanteur est réelle, qui produit la pesanteur.

La Légèreté (l'éden) est inimaginable et a comme disparu parce que la pesanteur fictive occupe sa place.

57

L'homme : il accuse le Juif de constituer un « anti-monde » parce que l'éden, que le Juif occupe et qu'il ressent qu'il occupe, échappe à la maladie de l'homme qu'est le monde, dans lequel il est établi.

58

Que les Juifs forcent les hommes à s'extirper des « cultures », c'est là la bénédiction divine présente et active dans l'Histoire ; les « cultures » fixent à la maladie de l'homme et font les hommes, hommes au lieu d'édéniens.

L'enracinement est le maléfice parce qu'il est toujours l'enracinement au fantasme de la mort qu'est la maladie de l'homme : l'idolâtrie.

Guérir de l'homme.

La Révélation biblique n'a rien à voir avec la « lumière » des mystiques, qui divinisent le monde. Elle est incompatible avec le monde. Elle n'est pas une lumière mais un explosif, qui provoque l'implosion du monde.

Le penseur truqué : il ne connaît pas le Terrible et il en parle allègrement ; le Terrible est un sucre d'orge qu'il apprécie.

Toutes nos émotions sont des peurs du ridicule.

L'humour : Dieu riant aux éclats.

Lichtenberg : un pragmatique, qui se saisit du Secret comme d'une brosse à dents. On lui prête du génie mais il n'a que du bon sens.

L'étrangeté de l'aujourd'hui : les hommes – grâce à la fonction d'énergétique de l'éden que remplit le peuple juif, qui provoque l'implosion du monde –, sont éjectés, malgré eux, de leurs cultures, ils sont éjectés, malgré eux, des tombes que sont leurs cultures.

Aimer le Temps, c'est aimer tous les êtres et c'est participer au dévoilement de l'éden dont chaque instant – contre la signification erronée que les hommes accordent au Temps en le liant au non-lieu qu'est le monde – est le moment.

La « civilisation » : elle suscite et organise le malentendu général en posant l'homme au lieu de l'édénien : Babel.

Les « cultures » : les cultures du fantasme de la mort.

Voir en tout assassin, un édénien en quête de son édénéité.

Les « penseurs » et les « sages », générateurs des « cultures » : des ensorcelés à l'homme, qui ne font que propager l'ensorcellement à l'homme.

L'éden : le parachute, fixé au ventre de tous les hommes, qui s'ouvre de lui-même quand les hommes sont éjectés de leurs avions.

Henri de Monfreid : un merveilleux aventurier de l'esprit.

J'avance.
J'avance en aveugle.
J'avance.
J'avance en éden.

Ne jamais croire que la pesanteur est réelle mais s'abandonner à la révélation du paradis, présent au secret de la pesanteur.

Les Hommes ne veulent pas des Juifs parce que les Juifs tiennent la position de l'éden ; en tenant la position de l'éden, ils éjectent les hommes, de l'homme et les forcent à se transformer en édéniens.

L'homme ne peut pas s'évader de la prison qu'il est à lui-même parce qu'il admet d'être un homme.

Les imbéciles : leur bêtise les rend réels, au lieu que l'intelligence des intelligents, fait d'eux des fantômes.

Guérir de l'homme.

C'est l'Ici qu'il faut occuper, c'est l'Ici qu'il faut rejoindre ; c'est l'Ici qu'il faut délivrer de la mort ; c'est l'Ici qu'il faut trouver. L'Ici créé pour nous.

J'explore la zone interdite (par l'homme), qu'est l'éden ; j'explore l'éden, qui commence là où finit l'homme.

On est mystifié par l'homme. Il ne fait que nier et cacher qu'il est un édénien pour échapper au ridicule de croire qu'il est un homme.

Seule la liberté *ex nihilo*, exercée, provoque le retour à l'éden. La liberté *ex nihilo* et non la moralité. La liberté est la liberté parce qu'a-morale ; elle commence là où finissent le bien et le mal.

Les livres inspirés : ils ne sont pas rejetés parce qu'ils sont difficiles à comprendre (on les comprend fort bien) mais parce qu'il n'est pas possible d'admettre qu'on les comprend sans traverser le Triangle des Bermudes qui nous sépare de la révélation qu'ils activent en nous, traversée que nous n'osons pas entreprendre. Nous les déclarons incompréhensibles non parce que nous ne les comprenons pas mais parce que nous les comprenons trop bien. Rejetés, ils sont cependant reçus puisque c'est pour les avoir reçus que nous les rejetons.

Ramener tous les instants à un unique instant ; lire cet unique instant comme illusion pétrifiante, en éden.

La réapparition des morts : la métaphore des volontés délivrées ; la mort : la métaphore des volontés ensorcelées.

Pour qu'un « nihilisme » se puisse, il lui faut accorder une valeur au rien ; loin de ne croire en rien, le nihiliste croit au rien. Un intégriste du « rien ».

L'éden : le lieu conforme aux édéniens que nous sommes ; quand nous disons ne pas croire en l'éden, nous disons que nous ne croyons pas en les édéniens que nous sommes.

Rejoindre l'éden, présent en nous et au secret de tout.

J'avance.
J'avance en aveugle.
J'avance.
J'avance en éden.

Le dévoilement de l'éden : l'événement dont les « événements » que constituent passé-présent-futur ne rendent pas compte et établissent en impossible bien que ceux-ci soient, par-delà ce qu'ils semblent être, les moments de cet unique événement ; lus selon l'éden, les événements du passé-présent-futur se décomposent comme « événements » et se révèlent être le flux d'une énergétique, active dans le Secret, qui fait d'eux les moments d'un unique dévoilement de l'éden.

59

En mourant, nous ne changeons pas de lieu, mais nous changeons de salle dans le non-lieu qu'est toute la vie actuelle ; les « morts » sortiront de la mort lorsque les vivants sortiront du non-lieu (la mort) qu'est la vie actuelle.

L'homme ne fait que s'interdire d'éden, n'étant un homme que par cet interdit.

Suspendre l'homme ; retrouver l'éden par-delà l'homme afin de concevoir et de mettre en acte les saluts.

Je ne cherche pas l'homme mais le paradis ; ce n'est pas l'homme mais le paradis, qui a en charge les saluts. L'homme est l'ensorcellement qui s'interpose entre le paradis et nous.

Si les prophètes juifs ont trouvé le paradis, c'est parce qu'ils ont récusé l'homme.

Le Juif : non pas un homme mais un édénien.

Les hommes se maintiendront dans l'ensorcellement aussi longtemps qu'ils ne se transmuteront pas d'hommes en édéniens.

En dévoilant que tout est Meurtre et que le Meurtre est un non-lieu, la Shoah a posé un impératif nouveau : l'impératif d'éden.

Les hommes dissimulent la maladie de l'homme, en se donnant des enjeux qui, les assignant à la maladie de l'homme, ne font que l'activer.

La vie est nulle part parce que l'homme est un nulle part.

La foi : la capacité de voir un édénien, même dans le pire assassin.

Précipiter chaque être dans la métaphore de son excellence.

Si je parle autant des Juifs, c'est parce qu'en parlant d'eux, je parle du paradis.

L'interdit biblique de faire des images : il implique la révélation que la mort est une fiction que les images font exister.

Les cadavres : des images ; les images : des cadavres.

Le moi réussit toujours, il réussit même lorsqu'il échoue ; étant en éden, même ses échecs se produisent en éden, où il n'y a pas d'échec.

L'idolâtrie : elle subordonne Dieu au monde : elle fixe l'Exil.

Apprendre de mon cousin André Chouraqui, que Sindbad veut dire Chouraqui, que les Chouraqui sont des Sindbad, que je suis un Sindbad, me procura une joie immense ; tout ce qui donne à l'existence sa splendeur est présent pour moi dans le seul nom de Sindbad le marin, dont les voyages enchantèrent mon enfance et m'enchantent aujourd'hui encore.

Le « Sacré » : la sacralisation du Meurtre, son élévation au Divin ; les « cultures » : le meurtre y tient la place du Divin.

C'est là où Dieu n'est pas, que Dieu est.

La foi : l'absence de Dieu ressentie comme Présence.

Guérir de l'homme.

Les images : la démultiplication de l'image du premier meurtre, fixé en irréversible ; toute image est image du premier meurtre qui, recouvrant le paradis, crée l'illusion que le paradis n'existe pas.

La mort disparaîtra quand on nous détruirons les images.

Il suffit d'une image pour que la création entière soit pétrifiée ; les images pétrifient tout.

L'image ? Tout ce qui, fixant la maladie de l'homme, nous persuade que nous sommes faits pour elle et nous maintient en elle.

« Avez-vous remarqué que plus les hommes se détournent de la Vérité, plus ils considèrent celui qui se détourne du mal, comme un fou » (Rabbi Nachman de Braslav).

Si terrible soit le Terrible, il ne l'est et ne peut l'être que parce que le moi humain est par-delà le Terrible.

Évacuer du moi la croyance en toute possibilité d'échec.

Remplacer le verbe « être » par le verbe « réussir ». Ne pas dire « je suis » mais « je réussis ».

Les malades signalent l'impression qu'ils ont de ne pas posséder les membres (ou les organes) qu'affectent leurs maladies. Ressentant qu'ils vivent à jamais, ils ressentent que les membres de leurs corps, susceptibles d'être malades, ne peuvent être que fictifs et dissimulent un corps d'éden.

Annie Dana : « Je ne sais pas si je serai là dans une heure mais je sais que je suis là à jamais. »

Mort d'Annie Dana.

60

Annie Dana : « Quand vous risquez de disparaître d'une seconde à l'autre, la vie revêt un prix infini. Les moindres bonheurs vous procurent une joie extraordinaire. Une joie qui n'est pas de ce monde. Vous ressentez que tout participe d'une harmonie ; le sourire d'un enfant, une simple fleur, un paysage, tout vous est une bénédiction. C'est étrange mais c'est ainsi : l'état de précarité dans lequel vous met la maladie, vous débarrasse de la précarité, même si la maladie est et reste une épouvante. »

61

Annie Dana : « En effet, tu es bien le seul à SAVOIR et le fait que tu saches se lit entre les lignes. Ce qui donne que, de se sentir compris par une âme dans ce monde de fange et de stupidité, au lieu d'être consolidé, ça fait pleurer. Alors j'ai pleuré sur ta lettre comme un bateau en détresse largué en pleine mer sans radio ni filet et qui voit un phare. Toi et ta voyance me reviennent comme un boomerang, moi qui m'habituais à la grande obscurité de la présence absente de mes contemporains, pour te la dire, il me faudrait des pages. D'ailleurs, ce n'est pas la peine, tu comprends. La bêtise, quand c'est celle des autres, c'est presque confortable : surtout ne pas être confrontée avec l'intelligence, la lucidité.

« Où es-tu ? Que fais-tu ? Cette planète est décidément devenue bien folle pour détourner ainsi la flèche de la cible, la main du tangible, le froid du chaud, l'âme, de son reflet.

« Mes jambes refusent de me porter (j'ai mal !), mes yeux refusent de voir (lunettes noires pour allergie…). Je gravite autour du désir psychosomatique de ne pas être là, en cette survie de rien-du-tout. Quant à la Sérénité, je n'ai pas dû naître pour. Je crois que je mourrai dans un océan de révolte, dans une tempête d'insurrection, dans une émeute intérieure. Tant pis. Le bonheur est distribué et non mérité, j'en mérite peut-être mais j'ai dû oublier de tendre la main.

« J'ai opté pour la chaleur, l'amour, la vérité, l'authenticité, bref, pour l'introuvable, si j'avais préféré les 5 à 7, les indéfrisables, les gâteaux secs et les voitures hors série, avec mon obstination, j'aurais forcément trouvé ce que je voulais. Il me faut me cantonner dans l'inemployé, l'inaccessible, bref le gâchis – ça, je le sais ! C'est se résigner qui est dur. Je n'y arrive pas, alors j'ai trouvé refuge dans ma maison et dans le vide intérieur. En tout cas, c'est mieux que de souffrir et peut-être que le néant, c'est s'enrichir de clinquant et se trouver plein. Moi, ma tête de noix de coco, je la sens dans sa vacuité à tout instant.

« Aussi, ce n'est pas le néant, c'est le creux et c'est différent.

« Je ne fais pas le vœu que tu trouves ce que tu cherches : c'est déjà fait. Tu fais partie des êtres bénis à qui l'on ne peut souhaiter que de rester ce qu'ils sont : ceux qui attendent à l'arrivée les combinards de carrière, les suicidés du lendemain, les tortues de l'Inouï tels que moi. Attends. Nous viendrons tous ici et dans pas longtemps, moi j'arrive en pleurant comme les faibles et les meurtris de l'actuel mais je viens quand même. Quant à la cohorte des malfrats malveillants, ils viennent aussi : en se saoulant, en calomniant, en tapinant mais ils viennent. Confiance. »

62

« Je ne suis pas un homme ! » : le cri de joie que pousse secrètement l'homme, chaque fois qu'il s'abandonne aux comportements, si aberrants soient-ils, qui démentent qu'il est un homme.

J'avance.
J'avance en aveugle.
J'avance.
J'avance en éden.

La « mort » : la maladie de l'homme. La situer non dans un Au-delà mais dans l'Ici ; en débarrasser l'Ici.

63

J'avance.
J'avance en aveugle.
J'avance.
J'avance en éden.

Nos noms devraient être tout aussi imprononçables que le divin Tétragramme ; en nous abstenant de prononcer nos noms, qui nous inscrivent dans la maladie de l'homme qu'est le monde, nous nous extirperions de la maladie de l'homme et nous réintégrerions à l'unité de l'Origine.

Guérir de l'homme.

L'homme : la maladie d'un édénien.

Le véritable courage procède toujours de la certitude secrète d'occuper l'éden ; il procure un sentiment d'invulnérabilité parce que l'éden garantit que, quoi qu'il arrive, nous vivons à jamais.

Le jour du shabbat les Juifs doivent suspendre toutes les activités auxquelles les astreint la pesanteur et s'abandonner à la connaissance que le paradis est sous-jacent à la pesanteur.

« Le Secret n'est plus secret puisqu'en publiant tes livres, tu l'as publié », me dit Louise : j'éclate de rire.

La Pensée n'est qu'une mystification, aussi longtemps qu'elle se maintient dans les limites que lui assigne le collectif.

Le Temps ne nous mène pas à l'anéantissement mais à notre excellence ; si nous lisions le Temps comme retour à notre excellence, nous lirions en tout instant, le moment de la réapparition des morts et de la transmutation des hommes en édéniens.

Le maître-mot du bouddhisme : l'acceptation des impossibles. Je suis aux antipodes du bouddhisme : je crois que tout est possible.

Seuls comptent les Christophe Colomb de la pensée ; sans l'audace folle, un penseur n'est qu'un comique troupier.

Le « pouvoir » : il ne vise pas à « dominer » mais à interdire l'éden : à maintenir dans l'état d'hommes au lieu d'édéniens.

Je suis un mystique de la saturation.

Ne se sustenter qu'à l'intuition de notre excellence, qui, dans ce monde même, révèle l'autre monde.

L'aphorisme : le cri de l'épiderme.

Tous les « Au-delà » ne sont que des En deçà.

J'avance.
J'avance en aveugle.
J'avance.
J'avance en éden.

Lear. La trahison de ses filles l'a jeté dans la conscience de l'Exil. Il est le porteur de l'espérance messianique qui jaillit du passage d'une conscience enracinée à une conscience de l'Exil mais il ne le sait pas parce qu'il ne sait pas que l'Exil est la maladie de l'homme, dont il pourrait guérir.

64

La haine de l'autre est partout ; chacun ressent secrètement que l'autre est le fantôme qui s'interpose entre lui et l'édénien qu'il est et lui interdit d'être l'édénien qu'il est.

Les gens ne font que tuer parce qu'ils sont mortellement humiliés de ne pas être en état de se traiter et de traiter les autres avec toute la générosité dont ils seraient capables s'ils osaient être les édéniens qu'ils sont ; n'aspirant qu'à rejoindre les Juifs en éden, ils ne font que des pogromes.

65

Tant que nous n'en aurons pas fini avec l'homme, nous perdurerons dans la maladie de l'homme.

Celui que les gens voient en moi n'est qu'une image d'eux projetée sur moi.

Guérir de l'homme.

Présupposer la vie bonne afin de repérer la vie bonne.

Si les gens ne font rien pour les malheureux, c'est parce qu'ils sont eux-mêmes des malheureux.

L'espérance : la voyance du Secret.

Tout ce qui fait vivre la mort, est en train de mourir.

Le meurtre : la tentative de supprimer l'autre, ressenti comme étant le fantôme qui s'interpose entre soi et l'éden.

J'avance.
J'avance en aveugle.
J'avance.
J'avance en éden.

Toutes nos valeurs cachent et entretiennent le vertige que provoque la croyance générale que la mort est irréversible ; en remplaçant la croyance en l'irréversibilité de la mort par la révélation de la fictivité de la mort, on échappe au vertige et on transmute les hommes, même les « assassins », en édéniens.

66

Cioran admet qu'il échoue et parle au nom de ceux qui, échouant aussi, n'osent pas l'admettre : « Pourquoi je suis un raté ? Parce que j'ai aspiré à la félicité, à un bonheur surhumain, et parce que n'y pouvant atteindre, je me suis enfoncé dans le contraire, dans une tristesse sous-humaine, animale, pis même, une tristesse d'insecte, j'ai voulu le bonheur qu'on goûte auprès des dieux, et n'ai obtenu que cette prostration de termite. »

La bonté de l'homme bon : elle est présente non seulement là où il la manifeste, mais aussi là où il ne la manifeste pas.

Seul échappe à l'ensorcellement, celui qui est capable de souffrir sans en être humilié parce qu'il sait, même quand il souffre, que sa nature n'est pas de souffrir.

L'« Humanité » : un énorme leurre.

Remplacer la pensée qui capitule (qui est partout) par *la Pensée de l'Inouï*, qui emporte la victoire.

Ne viser que l'Apothéose.

J'ai réussi.

J'ai demandé au Temps ce qu'il avait à me dire. « Vite ! » fut sa réponse.

« Napoléon s'était emparé de Napoléon : il n'y avait plus que lui en lui » (Chateaubriand).

Guérir de l'homme.

Lear. Un homme amer, terriblement amer, il voit dans la paternité sa seule coupe de champagne mais dès lors qu'il trempe les lèvres dans cette coupe, il y découvre un fiel plus épouvantable que celui dont son amertume le remplit.

L'attribut de l'homme : non pas la liberté mais l'éden ; en posant comme attribut de l'homme, la liberté au lieu de l'éden, Spinoza (de même que tous les modernes) consacre la maladie de l'homme.

C'est là où les impossibles semblent régner à jamais, que l'homme s'abandonne à son plus grand vice qui est d'adorer les impossibles.

La « pensée », qui adore les impossibles, ne fait que propager la maladie de l'homme : elle s'éteindra quand s'éteindra la maladie de l'homme.

Même lorsqu'ils se réclament de l'égalité, les hommes refusent, de toutes leurs forces, de s'établir dans l'« égalité », qui dévoilerait qu'ils sont des fantômes : ils se fixent à des hiérarchies qui dissimulent qu'ils sont des fantômes.

« Qui s'abandonne à la contemplation esthétique, fût-ce d'un seul arbre, n'aura aucune part au monde futur » (le Talmud).

Nous ne sommes des Vivants que dans les instants où nous échappons à la maladie de l'homme.

Notre meilleur ami est le Temps.

Les enfants : les témoins impuissants de la Chute.

Si le riche ne donne pas au pauvre c'est pour épargner au pauvre la désillusion de la fortune.

« ... en lisant ton dernier ouvrage (*L'Implosion du monde*) qui arrive encore une fois comme une bordée d'injures déclamées sur le quai d'un métro par un clochard même pas saoul, à l'adresse de tous les présents et en particulier ceux qui pensent "heureusement, c'est pas à moi que ça s'adresse !". En le lisant donc, m'est venue la compréhension du texte de Beckett (*L'Introuvable*) sur lequel je travaille depuis trois ans pour lui donner une voix. Ce texte qui finit par se réduire au Silence comme jadis Rimbaud le fit mais comme toi tu te refuses à le faire. Ce texte donc est une cocotte-minute que Beckett, sans explication préalable, chauffe inlassablement au petit feu de ses mots ardents jusqu'à l'implosion car, bien vu de sa part, il n'a mis aucun dispositif de sécurité et ça va péter au nez du spectateur et de moi, premier lecteur, premier exposé, premier exposant. J'y vois clair ! Merci, merci, merci, merci Bernard pour ce long et patient travail que tu fais au fond de mon cœur et de mon esprit depuis des années et qui me sauve la vie... À travers Beckett je ne peux pas m'empêcher de "te" transmettre, en pillant ton œuvre comme un supermarché le jour de l'annonce de la pénurie. C'est le bordel ! Je t'aime » (Rufus).

67

« Vous serez comme des dieux ! » avait dit le serpent biblique à Adam et Ève en les incitant à manger le fruit de l'arbre de la science du bien et du mal, incitation à laquelle ils succombèrent, devenant alors « comme » des dieux. Mais être « comme » des dieux, ce n'est pas être des dieux, c'est cesser d'être des dieux, le « comme » de la comparaison ayant ravi l'attribut divin. En devenant « comme des dieux », Adam et Ève ont perdu leur attribut d'être des uniques et sont devenus des « comme » ; et tant qu'ils admettront de n'être que des « comme », ils ne seront que des fantômes : des « hommes », des « femmes ».

Étant des uniques, les hommes ne sont pas des hommes mais des édéniens.

Nous ne sommes jamais des isolés, même lorsque nous l'ignorons, le lieu-sans-mort, dans lequel nous sommes tout en tous, est présent au plus profond de nous.

Guérir de l'homme.

Écrire comme l'on respire ; le naturel de la phrase est le naturel d'une respiration.

En s'attribuant le pouvoir de conférer l'être – alors que l'être est conféré à tout être par-delà le verbe « être » –, le verbe « être » se manifeste comme le chef de la mafia de l'Histoire.

La foi : la capacité de transmuter les hommes en édéniens.

Tant que les hommes ne se changeront pas en édéniens, ils s'ensorcelleront à l'homme.

Le seul échec consiste à admettre que l'on peut échouer.

Ils échouent parce qu'ils ne pensent pas assez hauts d'eux-mêmes.

Ne prendre appui sur rien ni sur personne.

Le shabbat : la sanctification du Temps, métaphore de l'éden, depuis laquelle se transmute toute pesanteur en légèreté.

68

Pierre Oster m'avait remis trois manuscrits de Jean Rivière, il m'avait dit : « C'est d'un très grand paysan français. » J'avais pris les manuscrits et commencé à les lire. Vite, la monotonie lassante de la phrase m'avait fait interrompre ma lecture, j'avais renoncé à publier Jean Rivière. Sur l'étagère, à proximité de mon bureau, les manuscrits se confondaient avec une foule de documents : ils ne me concernaient plus.

Des mois passèrent ; pour me distraire du livre que j'étais en train d'écrire, je repris comme par hasard, l'un des manuscrits de Jean Rivière et me mis à le lire : ce n'était plus la monotonie qui me frappait, c'était la fulgurance. Surpris et émerveillé, je lus d'un seul trait le premier manuscrit, puis le second, puis le troisième : aucun doute, il s'agissait d'une vision métaphysique géniale, au service d'une pensée d'une profondeur vertigineuse, qui m'avait échappé lors de la première lecture. La tenue permanente de l'écriture de Jean Rivière m'avait donné l'impression d'une monotonie alors qu'il s'agissait d'une extrême profondeur, comme cachée par elle-même au lecteur inattentif que j'avais été.

Ce que j'avais pris pour un délayage rébarbatif était une écriture supérieurement maîtrisée, apte à signifier les plus infimes nuances d'une vision d'une amplitude exceptionnelle. La sveltesse d'une grande écriture au service d'une grande vision. La perfection de la langue et la force de la pensée eussent fait songer à un Français du XVIIe siècle – la langue de Pascal –, si la langue de Jean Rivière n'était pas d'abord celle, inventée, d'un grand poète existentiel postmoderne.

La perfection monocorde de l'écriture de Jean Rivière m'avait d'abord fermé à elle, mais cette fois, j'étais subjugué. Je fis lire alors à André Schwartz-Bart, l'auteur du *Dernier des Justes*, *L'Acte errant*, il s'en éprit immédiatement ; en expert de la langue, il y distingua un grand style et d'enthousiasme se mit à m'en lire des passages. Je pris contact avec Jean Rivière qui vit en Vendée, à Mouzeuil-Saint-Martin et il vint à Paris pour me rencontrer. Je lui avais fixé rendez-vous dans un café du XVe arrondissement. Je l'y attendais avec Rufus, le comédien, qui ayant pris connaissance des manuscrits, partageait mon enthousiasme. Qui était Jean Rivière ?

Nous avions rendez-vous à 13 heures et nous étions à l'heure. Ce ne fut cependant qu'à 14 heures que Jean Rivière qui nous observait et que Rufus et moi qui observions Jean Rivière, comprîmes que c'était nous et que nous n'avions pas à nous attendre parce que nous étions là ; cette anecdote éclairait d'entrée de jeu la pensée de Jean Rivière : « mais l'Unité n'attend pas la coordination des travaux. Elle préexiste à toute organisation. *Nous la demandions et nous l'avions* ».

Il ressemblait à Geppetto, le père de Pinocchio : grand, maigre, un peu usé, légèrement cassé aussi, taciturne comme il dit, il flottait dans ses vêtements, il paraissait 65-70 ans. Le regard émerveillé d'un enfant. Sur les lèvres, un sourire d'humoriste et de timide, la voix monocorde, inaudible presque, d'un habitué du monologue intérieur et du plein air. Il me fit l'effet d'un long oiseau dégingandé, de l'Albatros, peut-être, de Baudelaire, dont on ne voyait pas les ailes, des ailes ankylosées car, compte tenu de la dureté du temps, il n'avait pas dû s'en servir beaucoup ces dernières décennies ; peut-être même, les ailes de Jean Rivière, certainement magnifiques mais qu'on ne voyait pas, avaient-elles été prises par le gel de l'Exil, elles qui n'appartenaient pas à l'Exil. Jean Rivière, qui flottait dans ses vêtements tant il était long et maigre, était certes un oiseau dont je devinais les ailes, comme rigidifiées, gelées par les impératifs de l'Exil.

Il attendait, oiseau aux ailes qu'on ne voyait pas, il attendait sur le chemin de l'Entre-Temps, dans lequel il avait repéré ce « gué entre les impossibles » que l'homme emprunte d'âge en âge pour aller de l'Origine à la Fin merveilleuse : « Où étaient les miens ? Par où sont-ils venus ? Quels chemins ont-ils parcourus ? Où sont leurs cadavres ? Je veux voir la femme qu'un de mes pères aima, il y a dix mille ans. Je veux voir l'enfant qui naquit sans ressembler à ses parents. Je veux voir le vieillard qui mourut plus beau qu'il était né à force d'être supplié. »

Rufus et moi, nous voulions tout savoir de lui et nous l'interrogions avec passion, l'hésitation du timide avalait une partie de ses mots. Il se livrait avec mille reculs, mille précautions, subrepticement, avec des mots qu'il arrachait à sa vision, telles les pierres précieuses à une couronne royale, craignant de l'endommager définitivement.

Je lui avais demandé : « Dieu, c'est quoi pour vous ? », il avait hésité, affolé par l'impératif de répondre à une question aussi grave, lui qui était si discret : « Une infinie... Bonté ! »

Les manuscrits qui m'avaient été confiés ouvraient l'éventail d'une passion : *L'Acte errant, L'Homme décontenancé, Patience.*

L'Acte errant : l'homme n'existe pas en déduction de ses actes mais il existe par-delà eux, il les fait mais une fois qu'il les a faits, il n'y a plus rien de commun entre lui et eux : « Le poète existe sans le poème. » Certes, nous sommes forcés aux actes par l'Exode, mais l'Exode ne durera pas toujours. Méfions-nous donc des actes, gardons une fluidité qu'ils ne semblent pas nous donner, faussons compagnie à leurs logiques, ne leur accordons pas une importance exagérée : nous en perdrions la connaissance de l'Unité du monde, qui nous mène à la Fin.

L'Homme décontenancé : c'est l'homme qui s'est vidé, vidé, au sens strict, de sa contenance, il a passé la main, il sait alors qu'il ne contrôle plus rien, qu'il n'a du reste jamais rien contrôlé : tout lui échappe mais aussi il échappe à tout. C'est parce qu'il n'est plus qu'un fétu de paille et s'accepte tel que l'Homme décontenancé, fausse compagnie à la lourdeur et se faufile par les interstices du temps dans son élément sacré et bienfaisant qu'est l'Unité du monde. Empêché par la volonté lourde mais accessible à la volonté légère, l'acte des actes est l'acte de foi fait au Créateur et, à travers le Créateur, fait à toutes les créatures ; ce n'est pas là renoncer à sa volonté libre mais la faire pénétrer dans l'Unité du monde, indispensable à son déploiement.

Patience : tandis que les actes se succèdent dans la frénésie du monde, que les vertus se déploient sans garantir autre chose qu'elles-mêmes, que le « bien » tire des plans sur la comète, que le temps use, que l'espace évince, que le mal sans nulle limite visible, englobe, tandis que pères et fils s'initient à des hérédités précaires, tandis que tout déçoit et tue, voici *Patience* qui n'est ni « acte », ni « bien », ni « mal », ni « vertu » (ni « vice »), ni « temps », ni « espace », mais le repliement sur ce qui en chacun est antérieur à toutes les antériorités, voici *Patience* qui en chacun est comme antérieur à soi… Une énergétique de vie, ramassée en force active, en silence magnétique, en un invisible prégnant. Un écrit où le silence d'âme devient trace de l'homme, dans un invariant – l'Unité du monde… –, secrètement actif et bienveillant en chacun. Le soliloque d'un visionnaire du silence.

Une pensée de non-pouvoir, une pensée de la grâce, une pensée de la rédemption, avait jailli du cerveau de Jean Rivière, une pensée merveilleuse qui, tenant le parti des plus misérables, transformait les échecs de l'Histoire en un Exode qui se déroulait dans le Secret et n'excluait personne : « La pensée autonome ne donne pas de principe aux constructions sociales. S'éprouvant comme défaillante, la pensée autonome travaille au-delà d'elle-même. Elle surveille pour se rattacher. La véritable autonomie ne consiste pas à se détacher de l'Unité : elle est toujours le contact unique et permanent avec l'Unité. »

Sous la pesanteur, il y avait la légèreté et de la légèreté jaillissait la révélation de l'Unité du monde.

Entendre Jean Rivière, c'est entendre que nous sommes dans la Catastrophe et c'est la surmonter : « Tout est là sans être au point. Chaque instant dit je n'ai rien fait. Tout ce que j'ai fait n'est pas vraiment fait. Le dernier instant à l'improviste ne tire pas la conclusion. Le dernier instant supplie les autres instants de s'écarter. Et soudain, finalement, il arrive au premier instant et il l'aime. Oui, je ne vois pas ce qui me fait finir, mais je vois ce qui m'a fait commencer. Je n'ai pas de meurtrier. J'ai un Créateur. »

Les êtres ne formaient pas une somme mais un Salut.

Je songeais au mot de Canetti : « Tant qu'il reste de par le monde quelques hommes dépourvus de tout pouvoir, je ne puis désespérer complètement. »

« J'attache beaucoup d'importance à la ténacité », m'avait dit un jour Jean Rivière, la ténacité, il l'appelait aussi la patience, la patience, c'était la vitesse, la vitesse, c'était l'Amour, l'Amour, c'était la Rédemption.

Le Christ l'habitait si profondément que, dans sa grande pudeur, il n'en parlait presque jamais, bien qu'il ne parle que de lui.

Qu'y a-t-il de commun entre un paysan vendéen et un penseur juif résidant à Paris et dans le désert du Néguev, en Israël ? Qu'y a-t-il de commun entre un Vendéen taciturne et un Juif sépharade développant une *Pensée de l'Inouï* et s'activant à un projet de cristallisation messianique ? Qu'y a-t-il de commun entre l'auteur de *L'Acte errant* et celui du *Scandale juif* ? En apparence, rien ou pas grand-chose. Mais sous l'apparence ? Dans le Secret ? Tout ! Il y a tout en commun entre Jean Rivière et moi ! C'est que nous nous sommes rencontrés sur le gué entre les impossibles, sur le chemin de l'Entretemps, sur le chemin du Temps ! C'est là que Jean Rivière, le Paysan du Temps et moi, sommes devenus amis, c'est là, sur le chemin du Temps, que lui et moi sommes Un en l'Unité du monde. Il m'écrira : « Quand pendant quarante ans, on a attendu l'homme lointain, c'est un grand bonheur de le voir arriver » ; il m'écrira : « Quand ils apprendront que nous sommes des hommes aux lents préparatifs, il nous arrivera beaucoup de compagnons. » Il m'écrira : « Tout est Sinaï. »

69

Le système des castes en Inde. Sous les « intouchables », il y a les « inaudibles » (qui ne doivent jamais s'exprimer), sous les « inaudibles », les « invisibles » (qui ne doivent jamais se montrer). Qu'il en aille ainsi nous scandalise, mais nous sommes cependant aussi, sans nous en douter, eu égard aux édéniens que nous sommes, des « intouchables », des « invisibles », des « inaudibles », parce que l'homme, qui nous recouvre, dissimule les édéniens que nous sommes et les interdit d'expression.

Comme il est exact, le cri « Il ne peut pas le voir ! » : nous nous haïssons, en effet, parce que, recouverts de l'homme, nous ne pouvons pas voir les édéniens que nous sommes.

Les vrais drames sont cachés par l'aveu qu'on en fait.

Croire qu'on est un homme, c'est participer à tous les meurtres de l'Histoire.

« Jeunes », « vieux » : ni des « jeunes » ni des « vieux » mais des édéniens malades de l'homme, qui propagent par leur aspect de « jeunes » et de « vieux », la maladie de l'homme.

La mémoire : elle enregistre une histoire fausse, qui nous coupe de l'Origine ; la véritable histoire se déroule dans l'invisible et n'est pas enregistrable par la mémoire.

Nous ne sommes réels que dans les instants où tous les êtres sont pour nous réels.

Guérir de l'homme.

Kraus : il décrit l'« humanité » comme un tissu paralysant qui recouvre les êtres et leur retire toute mobilité. Il ne soupçonne cependant pas (et c'est par là qu'il participe lui-même du fourvoiement général), qu'en retirant des êtres le tissu paralysant qu'est l'« humanité », il ne trouverait pas des hommes mais des édéniens.

Ne demande qu'à Dieu ce que Dieu seul peut donner.

En acceptant le jugement inique du tribunal, Socrate se comporte comme le dernier des lâches : il n'enseigne pas la « vertu » mais la lâcheté.

J'avance.
J'avance en aveugle.
J'avance.
J'avance en éden.

« Quand donc le monde apprendra-t-il qu'un million d'hommes sont sans importance aucune au regard d'un seul homme ? » (Thoreau).

J'avance.
J'avance en aveugle.
J'avance.
J'avance en éden.

C'est l'homme qui s'interdit la Possibilité inouïe, c'est lui qui fait disparaître l'éden en s'interdisant d'être l'édénien qu'il est.

L'« Humanité » : le culte rendu à l'irréel.

70

J'avance.
J'avance en aveugle.
J'avance.
J'avance en éden.

Les maîtres ne sont pas des maîtres, ni les esclaves des esclaves, mais les uns et les autres sont et resteront des fantômes jusqu'à ce que, guérissant de l'homme, ils se récupèrent comme édéniens.

Le Meurtre étant partout, on ne peut le récuser que depuis un par-delà le Meurtre – un autre lieu... –, qui dévoile que le Meurtre est un non-lieu.

Guérir de l'homme.

Comment les hommes ne seraient-ils pas fous quand tout les assigne à la tombe ?

Même dans le désert le plus aride, il y a une faune et une flore merveilleuses qu'il convient de repérer.

Les hommes ne font que tuer afin de ressentir qu'ils sont Un en éden.

Le seul argument valable contre le Meurtre est celui-ci : dans l'éden, où nous sommes, la mort n'existant pas, tuer est ridicule ; mais les hommes ne veulent pas entendre cet argument parce qu'ils ne savent que trop qu'ils sont ridicules de ne faire que tuer.

Même le tonneau de Diogène n'est qu'un théâtre.

Tant qu'il ne se sera pas guéri du mensonge, qu'il est, l'homme se maintiendra dans la toxicomanie du fantasme de la mort.

Ils « font l'homme », ils ne font que « faire l'homme » : jusqu'à quand ?

L'infatué : il vénère ses rots et les offre en exemple.

Le malheur des Allemands (qui a causé la Shoah) : avoir trop cru aux Juifs, pas assez en eux-mêmes.

Les gens ont peur de repérer la maladie de l'homme, c'est cependant en la repérant qu'ils en guériraient et feraient retour à l'éden.

Mes écrits : les cris de joie de quelqu'un qui a trouvé l'éden.

Tout ce que l'homme autorise, ils vous l'accordent mais ils ne vous accordent jamais ce que l'homme n'autorise pas : et c'est ce que l'homme n'autorise pas (l'éden) qui importe.

Dans l'éden, où nous sommes, les notions d'espace, de temps, de vitesse, de direction, de sens, etc., afférentes à l'homme que nous croyons être et non à l'édenien que nous sommes, n'ont aucun sens, même si, ensorcelés à l'homme, nous sommes comme forcés de les utiliser.

Je ne crois ni aux « questions » ni aux « réponses » : les « questions » sont des tombes et les « réponses », des épitaphes.

J'avance.
J'avance en aveugle.
J'avance.
J'avance en éden.

L'antisémitisme est partout parce qu'est partout la maladie de l'homme.

71

Les prophètes juifs : ils ont repéré la maladie de l'homme et ils lui ont déclaré la guerre ; ils ont isolé les Juifs des hommes, pour guérir les Juifs de l'homme et pour que, guéris de l'homme, les Juifs guérissent les hommes de l'homme.

J'avance.
J'avance en aveugle.
J'avance.
J'avance en éden.

Les hommes peuvent bien affirmer que l'éden est impossible et édifier leurs sociétés sur cette affirmation ; mais ils ne peuvent pas, sauf à être ridicules, le faire en présence d'un Juif : ce serait affirmer devant un oiseau en plein ciel que voler est impossible.

Manquer de foi est le seul drame.

Guérir de l'homme.

Ce que nous faisons dans ce monde, nous le faisons dans l'autre monde, ce pourquoi, le sens, conforme à ce monde, que nous donnons à ce que nous faisons, est erroné et participe non des impossibles que ce monde érige, mais des apothéoses auxquelles l'autre monde nous assigne.

J'avance.
J'avance en aveugle.
J'avance.
J'avance en éden.

Non seulement les gens connaissent nos faiblesses mais ils les connaissent mieux que nous ne les connaissons ; ce sont nos qualités qu'ils ne soupçonnent pas, parce qu'ils les croient incompatibles avec nos faiblesses.

Le nez de Cléopâtre eût-il été plus long, rien n'eût été changé ; le monde en effet est une fiction dont les éléments, dont le nez de Cléopâtre, parce que fictifs, s'équivalent.

La foi : la capacité de se changer et de changer les hommes en édéniens.

Guérir de l'homme.

Le meilleur étant sûr, nous n'avons rien à craindre.

L'humour : l'espièglerie de l'Origine.

Les livres inspirés : ceux dont on réceptionne le contenu sur leur titre, parce qu'on l'y trouve en nous.

Un seul mot, inspiré, dit plus que tous les livres de toutes les bibliothèques.

Ce monde : un théâtre en feu dont les comédiens qui en occupent la scène, ne s'enfuient pas parce qu'ils croient que le feu fait partie du décor.

Pour croire en l'argent, il faut prendre les langoustes à l'armoricaine pour des miracles ; je ne crois pas en l'argent parce que j'aspire aux vrais miracles.

Deux sortes de rides : celles qu'inscrit la vie qu'on a, celles qu'inscrit la vie qu'on aurait voulu avoir.

Si Hitler avait tué tous les Juifs, il eût bien été forcé, pour guérir de la maladie de l'homme, de se faire Juif lui-même.

Dès l'instant où eut surgi le premier Juif, tout ce qui arrive était inéluctable et faisait partie du dévoilement de l'éden.

Les hommes ne font que blanchir la maladie de l'homme dont ils sont affectés afin de se maintenir dans l'état d'hommes au lieu d'édéniens.

L'instant est le pas de l'éden.

En admettant d'être un homme, l'édénien qu'est l'homme a développé la mystification qui fait du fantôme qu'il admet d'être, un chevalier héroïque.

Au lieu de le châtier, forcer l'assassin à atteindre en lui-même le point où il n'a pas commis les meurtres qu'il a commis.

Guérir de l'homme.

Personne ne dénonce la capitulation devant la mort parce qu'étant générale, quiconque le ferait se dénoncerait lui-même.

On repère le crime et on le réprouve, pour ne pas repérer et réprouver la capitulation générale devant la mort, qui est le crime des crimes.

J'avance.
J'avance en aveugle.
J'avance.
J'avance en éden.

Tant que les hommes ne se changeront pas en édéniens, ils s'ensorcelleront à l'homme.

Ce qui me subjugue dans la Bible juive, c'est qu'elle confirme que j'ai droit à tout.

Guérir de l'homme.

Ne pas guérir l'homme mais guérir *de* l'homme. Et que font les Juifs, sinon, guéris de l'homme, travailler à guérir de l'homme, les édéniens que sont les hommes ?

J'avance.
J'avance en aveugle.
J'avance.
J'avance en éden.

On ne peut pas sauver les hommes avec les hommes – car l'homme est une maladie qui consiste en ceci que les hommes ne veulent pas en guérir… –, on ne peut les sauver qu'avec l'éden : *l'Élection* des Juifs signifie que s'étant connectés à l'éden et constitués en énergétique de l'éden, les Juifs ont entrepris de guérir les hommes de l'homme, non en faisant appel aux hommes mais en faisant appel à l'éden qui force les hommes à guérir de l'homme.

72

Sous la maladie de l'homme, qui recouvre tout, il y a les édéniens que sont les hommes de toutes les époques, en attente d'émergence.

Saturer le non-lieu qu'est le Meurtre.

La haine : une empathie.

Le monde : non pas la vie mais son impossibilité.

Les gens vieillissent selon l'idée qu'ils se font de la vieillesse, ce pourquoi leur vieillesse ressemble à leur automobile.

Occuper un dehors de la « culture », que la culture érige en impossible.

« Il n'y a pas de plus grand cri de détresse que le cri d'un homme seul » (Wittgenstein).

La mauvaise femme. Elle n'admet son compagnon que pour lui interdire d'être réel. Pour le placer sous terreur. Montre-t-il le bout du nez ? Elle le fouette !

Elle ne se pardonne pas de ne pas oser être une édénienne.

Que nous soyons aussi fragiles signifie que, bien que nous ne soyons que nous-mêmes, nous sommes tout nous-mêmes.

Comment ont-ils le toupet de diviniser le monde alors que le monde n'est caractérisé que par l'absence du Divin, dont ils ne font que pâtir ? Quelle mystification ! Quelle énorme mystification ! Ils font l'homme ! Ils ne font que faire l'homme et ils détalent à l'instant où vous les priez d'abandonner l'homme pour l'édénien.

C'est cela même que nous croyons sans aucune importance – le Meurtre –, qui s'inscrit sur tout, même sur les plus lointaines étoiles et détermine l'état de tout.

Tout, absolument tout, et d'abord nous-mêmes, changera et retrouvera la vie-sans-mort à l'instant où nous nous changerons d'hommes en édéniens ; et c'est de cet unique événement, auquel tout participe, que nous relevons.

Même les canards sont des bourgeois quand ils pénètrent dans le champ magnétique d'un bourgeois.

Le pervers : il repère le désir de celui qu'il manipule et lui garantit que ce désir sera exaucé. Il met en scène l'inéluctabilité de la réalisation de ce désir dont il se donne pour l'artisan le plus actif. Il cherche à contrevenir celui qu'il manipule ; quand il y parvient, il l'envoie au diable. C'est alors qu'il a le sentiment du triomphe.

Guérir de l'homme.

Le monde sans Dieu : le monde qui refuse Dieu, lequel est présent, au secret de ce refus.

Il me suffit de faire la moindre allusion à *la Pensée de l'Inouï* pour que les gens détalent : comme si je les avais traités de mystificateurs.

On ne sait jamais qui l'on a devant soi.

Je garde mes forces pour l'autre monde. Je ne crois plus en celui-ci. Je me réserve pour l'autre monde, présent au secret de ce monde et cela demande une ascèse difficile.

J'avance.
J'avance en aveugle.
J'avance.
J'avance en éden.

Tout se déroule dans le lieu-sans-mort ; mais cette révélation est impossible à transmettre parce que la maladie de l'homme établit qu'il n'y a pas de lieu-sans-mort.

73

J'avance.
J'avance en aveugle.
J'avance.
J'avance en éden.

La réapparition des morts se produira mais nous ne savons pas quand ; la distance entre cette connaissance et cette ignorance est la prophétie.

Crier ce qui ne peut pas être et qui cependant est.

Les hommes ne se posent comme hommes qu'au déni des édéniens qu'ils sont.

Les gens ne s'émeuvent qu'à leur image ; si vous escomptez du riche, demandez-lui une Rolls.

L'« Humanité » : l'énorme mythe qui dissimule l'ensorcellement à l'homme, des édéniens que sont les hommes.

L'« Humanité » : l'énergétique du meurtre et de la mort.

Le monde tend à être de plus en plus visiblement la maladie de l'homme ; l'impératif d'en guérir s'est substitué à l'impératif de s'y adapter.

Les visages-schizophrènes : les visages de ceux qui rêvent d'une vie que leur vie désapprouve.

Guérir de l'homme.

L'édénien qu'est chacun, changé en homme par l'ensorcellement du collectif, est le foyer de l'hypnose qui dissimule la vie-sans-mort et désigne à sa place la vie-mortelle dans laquelle ne se peut que le meurtre.

L'homme est mort à tout, même à la mort.

L'homme : la maladie d'un édénien, qui provoque sa disparition et l'apparition du fantôme (l'homme) qui tient sa place.

J'avance.
J'avance en aveugle.
J'avance.
J'avance en éden.

« Comment m'adapter au monde ? » : cette question que l'homme se pose depuis toujours et à laquelle il ne cesse de donner des réponses, le maintient dans l'ensorcellement qu'est le monde : le monde, en effet, n'est pas, et toute tentative de s'y adapter, parachève l'ensorcellement à la croyance qu'il est, laquelle implique que nous-mêmes ne sommes pas.

Lire dans nos âges successifs non des âges mais des positions en éden.

Les hommes ne sont pas divisés sur l'éden mais sur l'endroit où ils le situent : Nulle part, dans un Au-delà ou Ici.

Les hommes ne redoutent pas le pire mais ils redoutent de guérir de la maladie de l'homme, qui les installe dans le pire.

L'énigme n'est pas la vie mais l'homme, toutes les énigmes sont dans l'homme et plus encore sont l'homme ; même le savant penché sur sa lunette est penché sur l'homme.

Les Juifs : ils doivent se poser par-delà l'homme ; l'homme n'est homme que par la maladie qui le persuade que l'éden n'existe pas.

Tout ce que les hommes font pour mettre fin au Meurtre le reconduit parce que leur bien et leur mal ne disqualifient pas le meurtre mais spécifient les meurtres qu'ils s'interdisent et ceux qu'ils s'autorisent.

La « philosophie » (l'amour de la « Divine Substance ») est morte à Auschwitz ; il est impossible d'incorporer à la « Divine Substance », la Chambre à gaz.

Une nouvelle sorte de mystiques. Ils repèrent le Divin dans Son absence et voient dans le Divin qu'adorent les « mystiques », non pas le Divin mais la maladie de l'homme qu'est la pesanteur, qui tient la place du Divin ; ils travaillent à la disparition de la pesanteur afin de provoquer l'apparition du Divin.

Guérir de l'homme.

Plus on gagne en connaissance de l'éden, plus on perd en aptitudes mathématiques.

En nous maintenant dans le monde, nous nous maintenons dans la maladie de l'homme, qui provoque la disparition des édéniens que nous sommes et de l'éden.

Nous sommes des disparus ; comment nous faire apparaître ? Là est la question que nous devons substituer à la question : comment nous adapter au monde ?

J'avance.
J'avance en aveugle.
J'avance.
J'avance en éden.

Ils (les nouveau-nés) ont vu Adam et Ève manger la pomme. Ils les ont vus se changer en « homme » et « femme » ; se grimer en « père » et « mère » ; se shooter aux infinis fictifs ; se targuer de leur débâcle ; faire l'homme, faire la femme. Malheureusement, ils ne sont pas en état de parler.

74

Tout ce que nous faisons pour nous extraire de l'histoire fausse en croyant qu'elle est vraie, nous maintient dans l'histoire fausse.

Ne te laisse pas hypnotiser par la pétrification générale : ne la prends pas pour une mobilité.

L'édénien qu'est chacun devient un nazi quand il croit qu'il est un homme.

Et d'abord, que savez-vous de moi ? Qui vous dit que je vous ressemble ?

Qu'un homme aille sur la lune, un tel événement est tout aussi miraculeux qu'une réapparition des morts.

Dans les bijouteries haut de gamme règne toujours le silence ; le grand bijoutier présente ses bijoux à voix basse, très basse, presque inaudible : il indique par là au client qu'il a droit à tout, absolument à tout ; que lui-même, il n'existe pas, qu'il s'est résorbé dans le silence nécessaire au culte qu'il rend au client parce que le client possède l'Argent.

L'ensorcellement mental est sous-jacent à tout, le monde visible est sa métaphore.

Substituer à l'impératif d'adaptation, l'impératif d'émergence.

L'homme : même lorsqu'il se flagelle et adore la souffrance, il le fait pour démentir qu'il est un homme et ressentir qu'il est un édénien.

La maladie de l'homme : elle force à immoler à l'homme que nous croyons être, l'édénien que nous sommes.

Je ne vois partout que des blanchisseurs de la Chute, que des traficoteurs du fictif, que des propagateurs de la maladie de l'homme : des « femmes », des « hommes ».

Chaque homme, parce que malade de l'homme, est l'énergétique de tous les meurtres et de toutes les morts.

Le monde : la métaphore du refus général de l'éden, lequel est cependant présent et actif au secret de ce refus et à l'insu des hommes du refus.

Le schizophrène : « Un être, affecté d'un narcissisme négatif travaillant avec ardeur à sa propre ruine et avec omnipotence à sa propre inanité », dit le psychiatre (P.-C. Racamier), mais n'est-ce pas là une excellente définition de... l'homme ?

Notre grande chance, c'est que la vie est plus large que l'idée que nous nous en faisons, c'est qu'elle tient compte de nous, même quand nous ne tenons pas compte d'elle.

L'éden ne nous force pas à une abdication mais à la découverte d'une vie autre, inouïe, présente au secret de la vie.

Guérir de l'homme.

Si le puissant se targue de différer du misérable, c'est parce qu'il est trop misérable pour admettre qu'il est un misérable.

Ils veulent éteindre le feu en y jetant des bûches.

J'écris pour les lecteurs qui, subodorant que ce monde est fictif et qu'ils en sont les prisonniers, puisent dans mes écrits, avec la confirmation que ce monde est fictif, des forces pour s'en évader.

L'enracinement au fantasme qu'est le monde (la maladie de l'homme) ne se peut plus : nous en sommes éjectés.

Nietzsche. Il croit basculer par-delà le bien et le mal quand il bascule dans le « surhomme » : quel aveuglement ! Eût-il échappé au bien et au mal, il n'eût pas abouti à un « surhomme » mais il eût découvert que les hommes, à commencer par lui, sont des édéniens, malades de l'homme.

Le « nihilisme » : l'un des sens que l'homme donne au monde, qui le maintient dans la maladie de l'homme.

Aucune « philosophie », aucune « sagesse », aucune « science », aucune « mystique », aucun « savoir » ne nous apprendront que l'homme est une maladie et entreprendre d'en guérir ; « philosophie », « sagesse », « science », « mystique », « savoir » font partie de la maladie de l'homme et nous cachent que l'homme est la maladie qui fait disparaître l'éden.

75

Les hommes s'asphyxient.

« J'étouffe ! J'étouffe ! » (Gogol).

76

J'avance.
J'avance en aveugle.
J'avance.
J'avance en éden.

Fariddudine Attar. Il envisage la condition humaine comme un mal mais comme un mal qui peut et doit se concilier avec le respect dû à chacun. Il admet les hiérarchies sociales mais il ne croit pas en elles. Il ressent l'absence de Dieu mais il ne proclame pas que Dieu n'existe pas : il Le situe, quoiqu'absent, dans le respect dû à chacun, qui seul peut faire échapper à la honte. L'homme honteux est son point de départ et son point d'arrivée. Il va de la honte, qu'inflige la condition humaine, au Divin, seul capable de guérir la honte. Même s'il y a peu de guéris de la honte par le Divin, il y en a tout de même : immense espoir non seulement pour le petit nombre des guéris mais pour l'ensemble des hommes, tous atteints de la honte. Attar connaît toutes les nuances, tous les secrets de la honte. Il surexpose la honte. Il sait que les comportements, même les plus infâmes, sont extorqués par la honte, il ne les excuse pas mais il rend envisageable de les abroger en guérissant de la honte : « Les crimes que tu as commis, dit Son Dieu à l'assassin, voici que tu ne les as pas commis. » Il ne juge personne. Son enfer est l'enfer de la honte, son damné n'est coupable que de la lecture qui lui fait accroire qu'il est la créature que la honte fait de lui. Attar ne succombe cependant pas au piège de la mystique et reste au niveau de son constat de l'absence de Dieu. Dans sa boutique d'Ispahan, il fabriquait des parfums tout en rédigeant ses livres, aussi peut-on comparer ses écrits à des parfums célestes.

Dieu attend devant la porte de l'homme mais l'homme ne Le voit pas parce que la honte le rend aveugle à la présence de Dieu.

Ce qu'un écrivain dédaigne est souvent ce qu'il a de plus précieux : sa fantaisie.

Je ne crois qu'aux penseurs qui occupent l'autre monde.

Que les hommes accumulent les inventions géniales et bien que ces inventions ne les guérissent pas de la maladie de l'homme mais les y maintiennent me fait garder confiance en eux : ils ne pourraient pas le faire s'ils n'étaient pas des édéniens.

Les véritables penseurs : ceux qui attendent de la pensée qu'elle leur donne tout, absolument tout.

Les penseurs qui n'attendent rien de la pensée : non pas des penseurs mais des mystificateurs.

Guérir de l'homme.

Le contraire du « néant » n'est pas l'« être » mais l'avancée en éden, le « néant » est la figure de la pétrification en éden, faussement lue.

L'héritier qui s'indigne de ce qu'un héritier secondaire réclame une part de l'héritage, ainsi que la loi l'y autorise, a bien tort de s'indigner : il n'est lui-même héritier que par la loi.

Nous n'avons pas besoin de témoins mais d'évadés.

Nous ne pouvons pas imaginer les événements inouïs parce qu'ils sont inouïs d'être inimaginables ; mais nous ne vivons cependant que de les attendre.

J'avance.
J'avance en aveugle.
J'avance.
J'avance en éden.

Tant qu'on ne vit pas les énigmes jusqu'à en faire jaillir la vie, les réponses données aux énigmes sont des mystifications.

Rimbaud : il a vu les merveilles mais, mis par elles en vertige, il a oublié qu'il les avait vues.

La plupart des lecteurs ne lisent que pour passer un moment agréable, ils mettent tous les livres sous la même rubrique et les apprécient plus ou moins selon le plaisir de lecture qu'ils leur donnent, ils ne distinguent pas entre les simples bons livres et les livres d'âme dans lesquels l'écrivain avance dans le feu. Il n'y a cependant rien de commun entre les simples bons livres et les livres d'âme.

Kafka : il a senti que l'homme est un nazisme. Mais il a manqué la révélation que tous les hommes, même les nazis, sont des édéniens, malades de l'homme.

Le monde nous récuse en nous persuadant qu'il nous confirme ; nous nous induisons de lui, au lieu de nous poser par-delà lui.

Guérir de l'homme.

Non seulement une seule mort contient toutes les morts, mais elle contient aussi la prophétie, qui garantit toutes les résurrections.

Le scandale de la mort ne nous est supportable que parce que la prophétie, qui garantit que nous vivons à jamais, est présente au secret de ce scandale.

J'avance.
J'avance en aveugle.
J'avance.
J'avance en éden.

À force de souligner l'énorme importance qu'il attache à tel ou tel de ses mots en le mettant en italique, l'écrivain emphatique fait de ses mots en italique la quincaillerie des médailles qu'il se décerne.

Le principal malheur n'est pas que nous perdions nos proches mais que nous soyons incapables de lire dans leur disparition le moment de l'inéluctabilité de leur réapparition.

La « justice » : elle confère une signification au monde qui, étant fictif, n'en a aucune. Elle n'est pas faite pour empêcher le crime mais pour dissimuler la fictivité du monde. Elle abroge les êtres comme êtres, afin de les subordonner au sens conféré au monde ; si elle ne le faisait pas, la fictivité du monde se dévoilant, la société serait précipitée dans le trou noir que serait la révélation de la fictivité du monde.

Guérir de l'homme.

L'homme est devenu un nazi à l'instant où il a absorbé la pomme.

77

J'avance.
J'avance en aveugle.
J'avance.
J'avance en éden.

Mettre la mort dans la vie et non la vie dans la mort.

On ne peut admettre la mort d'un homme, fût-il le plus grand assassin, qu'en admettant la mort de tous les hommes.

Guérir de l'homme.

Qui cherche l'amour trouve toujours plus ou moins que l'amour.

Les morts (que nous sommes tous) sont les prisonniers de l'ensorcellement mental de chacun.

On devrait s'étonner tout autant de quelqu'un qui dit bonjour que d'un mort qui ressuscite.

Ni leurs mérites ni leurs démérites ne peuvent faire que les hommes ne soient des édéniens.

J'avance.
J'avance en aveugle.

*J'avance.
J'avance en éden.*

Le mot extraordinaire de Saddam Hussein aux soldats qui le mènent à la potence : « Le paradis est partout et vous êtes en enfer ! »

78

Transmuter la vie mortelle en une métaphore d'éden qui guérit la vie, de l'homme.

Un homme est vivant tant qu'il soutient l'exigence de ne jamais mourir.

Celui qui se tue croit en une issue dans la mort ; si ce n'était pas le cas, il ne pourrait pas se tuer.

Kafka. La conscience d'avoir échoué préservait en lui l'espoir de réussir ; eût-il réussi, il eût délaissé ses écrits, qui fixaient son échec et se fût abandonné au bonheur d'être un édénien.

L'espérance est l'homme même.

La plus grande erreur : croire que la réalité est la même pour tous.

C'est parce qu'ils croient être des englobés du monde, alors qu'ils en sont des englobants, que les gens font des enfants.

Les livres inspirés : il faut les lire et les relire indéfiniment jusqu'à ce qu'ils se mettent à vivre en nous.

Le sol s'est dérobé sous tous les pieds ; la terre n'est plus, visiblement, qu'un immense non-lieu.

Diderot. Il énumère par la bouche de Jacques le Fataliste, toutes les bonnes raisons de ne pas croire en la liberté nouvelle, mais il n'en tient aucun compte. « La liberté est un fatalisme », dit Jacques. « Mais le fatalisme est une liberté », répond Diderot. Il invente la liberté nouvelle, qui est tout, sauf une liberté, étant un fatalisme.

La cruauté est partout parce que la peur que ne se dévoile la fictivité du monde est partout.

Quand ils admettront que les Juifs sont là pour les guérir de l'homme et les guérissent en effet de l'homme, même leurs plus mortels ennemis les rejoindront.

Guérir de l'homme.

Non seulement ils échouent mais ils tonitruent qu'ils réussissent.

J'avance.
J'avance en aveugle.
J'avance.
J'avance en éden.

Chacun croit être le seul malade de l'homme : ce qui fait bien rire les autres dans leurs barbes.

Une tautologie qui suscite tout, vérifie tout et que tout vérifie.

S'il a les moyens de tenir compte de moi, ainsi qu'il le fait maintenant, le Temps a les moyens de tenir compte de moi... toujours.

Les assassins : des édéniens, malades de l'homme ; même les nazis ne sont pas des assassins mais des édéniens malades de l'homme.

La vie sera absente et les hommes seront la proie de cette absence tant qu'ils n'en auront pas fini avec l'« Humanité ».

Le rôle le plus subtil : celui du comédien qui quitte le théâtre.

Guérir de l'homme.

« Tout passe, rien ne se fait vraiment. La vie se déroule dans un Ailleurs auquel les hommes aspirent mais dans lequel ils n'osent pas pénétrer. Tout oscille entre l'absence et la présence secrète. Sur le plan personnel, plus rien ne m'inquiète, je deviens plutôt serein et profondément heureux. Et j'attends... Je fais confiance à Dieu, même si je ne dispose pas des conditions idéales de lui faire confiance. Ma foi est inconditionnelle... elle est la liberté qui me donne la force d'espérer... Qu'il est doux de participer à l'inspiration sauvage de Dieu ! C'est comme si tu étais déjà en éden, malheureusement sans tes frères humains, réticents à accueillir le Divin » (Mohsen).

79

La maladie de l'homme qu'est le monde place l'homme sous terreur et celui-ci l'admet parce qu'il ignore que le monde est la maladie de l'homme ; il n'imagine pas qu'il pourrait opposer au monde, un autre monde, présent au secret du monde, qui correspond au Vivant qu'il est.

Le monde : la métaphore du refus général de l'éden, lequel est cependant présent et actif au secret de ce refus et à l'insu des hommes du refus.

Toutes les activités humaines propagent la maladie de l'homme ; elles mènent au désastre parce qu'elles sont le désastre.

Plus vous vous posez comme édénien, plus vous disparaissez du champ de vision de vos semblables : celui-ci les maintient dans les limites que leur impose la maladie de l'homme, à l'intérieur desquelles il est impossible d'être un édénien.

Je ne suis pas contre la peine de mort parce qu'elle est inefficace (je la crois très efficace : elle préserve, en les éliminant, de la récidive des assassins) ; je ne suis pas contre parce qu'elle est injuste (certains êtres la méritent mille fois plutôt qu'une) ; je ne suis pas contre parce qu'elle est terrible (il y a des supplices bien plus terribles qu'elle) ; je suis contre la peine de mort parce que tant qu'un homme acceptera la mort d'un autre homme, celui-ci fût-il le plus grand des assassins, nous serons tous des condamnés à mort.

André (Schwartz-Bart). Cette douleur qui ne le quittait jamais, pudique et grande, qu'il ne montrait à personne, sauf lorsqu'elle jaillissait de lui sans qu'il la contrôlât. Il était séparé de Dieu par la Shoah : « Je ne pardonnerais jamais à Dieu ! » me disait-il, dans ses accès de désespoir et de fureur.

N'est-il pas extraordinaire que seul le meurtre échappe à la pénurie ? Que l'homme ne manque jamais de tués et que même les peuples les plus démunis ont des tués à profusion ?

Honte, fourvoiement, meurtre, insincérité, amnésie, antisémitisme : des synonymes.

Même la Bêtise fait partie de l'énergétique du Secret.

Je la retrouve après trente-cinq ans ; nous tombons d'accord que pendant ces longues années, nous étions ensemble dans le Secret.

Tous les hommes sont fous, excepté Don Quichotte.

Guérir de l'homme.

L'homme : il joue le rôle de l'homme, au déni de l'édénien qu'il est et il s'en ressent secrètement grotesque et ridicule, ce qui a pour effet de le rendre fou.

J'avance.
J'avance en aveugle.
J'avance.
J'avance en éden.

« Je connais des Hutus qui reconnaissent leurs fautes et acceptent d'être punis. Des Hutus qui nient tout et pensent qu'on va perdre les traces de leurs tueries. D'autres croient vraiment qu'ils n'ont pas tué, même si des gens les ont croisés, une lame rouge à la main : ils sont devenus fous de leur folie. D'autres ne pèsent pas ce qu'ils ont fait, comme s'ils avaient commis une bêtise en cachette et puis c'est tout. Un jour, maman va au procès d'un des assassins de papa, un avoisinant. Il croise maman dans le couloir du tribunal, il lui dit bonjour gentiment, il demande des nouvelles de la famille, des pluies, de la parcelle, il dit au revoir et retourne en prison comme s'il rentrait chez lui » (Jean Hatzfeld, *Dans le nu de la vie*).

80

Prétendre qu'il y a une issue au monde dans le monde, qui occupe la place de l'éden, est une mystification ; les hommes s'y livrent parce qu'ils sont des possédés du monde.

J'avance.
J'avance en aveugle.
J'avance.
J'avance en éden.

Plutôt que de prétendre que le monde suffit, on ferait mieux d'admettre qu'il ne suffit pas : on chercherait alors et on trouverait un autre monde, présent au secret du monde, qui comblerait tous les désirs.

La Création fut créée *ex nihilo* et elle l'est toujours.

Guérir de l'homme.

Le meurtre : terrible par le malheur qu'il inflige mais nul par sa signification ; l'acte nul par excellence, étant commis en éden, où la mort n'existe pas.

Tuer quelqu'un : nier qu'il soit un édénien, tout en affirmant qu'il est un édénien.

Les hommes : des malades de l'homme, qui le resteront tant qu'ils ne se seront pas changés en édéniens.

Don Quichotte : un Vivant parmi les morts.

André (Schwartz-Bart) : il était incorruptible.

Ce qui rend les hommes si proches, c'est qu'ils ne sont pas des hommes mais des édéniens.

On ne connaît quelqu'un que lorsqu'on connaît son édénéité.

Guérir de l'homme.

Les penseurs qui nous sont proches : ils ne nous parviennent pas par leur « pensée » mais par l'Unité, qu'active leur pensée, qu'ils forment avec nous.

Le Divin est présent et actif partout, présent dans son Absence, il est présent au centre du maléfice : Il sature la pesanteur et la transmute en légèreté.

J'avance.
J'avance en aveugle.
J'avance.
J'avance en éden.

Même dans sa manifestation la plus lourde, brutale, catastrophique, la mort nous donne la certitude secrète que nous n'avons pas à désespérer de la vie parce que la vie contient la mort ; la certitude secrète qu'en démentant la vie, la mort récuse ce que la vie a d'insupportable et garantit ce qu'elle a de merveilleux ; qu'en démentant la vie, dans laquelle nous mourons, la mort établit que nous vivons à jamais.

L'homme, que nous croyons être et ne sommes pas, se désespère de la mort mais l'édénien, que nous sommes, s'en réjouit : en démentant l'homme, la mort garantit l'édénien.

Guérir de l'homme.

Ce monde : un banquet dont les mets sont superbes mais irréels.

J'avance.
J'avance en aveugle.
J'avance.
J'avance en éden.

L'homme n'est pas un menteur mais un mensonge : un mensonge dont même sa physiologie fait partie. Un mensonge sur deux pieds.

Guérir de l'homme.

Les penseurs de la Logique (tous les penseurs, à la seule exception des prophètes juifs) : ils ne propagent pas la vie mais la maladie de l'homme, dont leurs logiques sont la manifestation. Non seulement ils sont insincères, mais leur insincérité fait exister la réalité fausse qu'est la « maladie de l'homme », à l'intérieur de laquelle la Possibilité inouïe semble impossible bien qu'elle soit là.

J'avance.
J'avance en aveugle.
J'avance.
J'avance en éden.

Les livres. Même lorsqu'ils sont morts depuis des siècles, leurs auteurs sont vivants et jaillissent des pages des livres aussitôt qu'on les ouvre.

81

Quand ils croient se saisir de la vie, les gens se saisissent de la vie fausse ; ils confondent la vie avec la vie fausse.

André (Schwartz-Bart). Il disait qu'il ne croyait pas en Dieu mais j'ai souvent pensé qu'il ne croyait qu'en Dieu. Dieu s'était résorbé dans sa blessure et dans sa colère parce qu'Il était sa blessure et sa colère.

Les pensées géniales : si difficiles à formuler parce qu'elles récusent les impossibles ; elles ont à exprimer ce que les impossibles dissimulent et établissent en impossible.

Dans le conflit entre le moi et le monde, accorder le primat au moi : le monde s'en révélera fictif et le moi basculera par-delà le monde dans un lieu qui échappe au monde.

Ce n'est pas l'éden qui est scandaleux, c'est sa disparition qui l'est.

Si tu as percé l'énigme du monde, va-t'en, tu n'as plus rien à faire ici.

Guérir de l'homme.

Les hommes se précipitent dans le Meurtre, non pour le commettre mais pour l'explorer ; ils attendent de l'exploration du Meurtre, la révélation que le Meurtre est fictif et qu'il laisse la place à l'éden dans lequel leurs tués sont vivants.

J'avance.
J'avance en aveugle.
J'avance.
J'avance en éden.

Il est fréquent qu'une lettre soit remarquable alors qu'il est très rare qu'un livre le soit ; c'est qu'une lettre s'écrit sans penser à écrire et exprime ce que quelqu'un a de plus spontané et de plus personnel, tandis que l'écrivain écrit avec l'idée, le plus souvent fort banale, qu'il se fait de l'écriture.

Le regret ? L'expression la plus subtile de l'espoir.

Il n'y a rien de tel que le bien fait au malheureux pour vous convaincre que vous n'êtes pas un malheureux.

Dieu n'est connu que de celui qui a trouvé l'éden.

Guérir de l'homme.

La pensée logique, qui fixe la maladie de l'homme et la propage, a pour limite et pour fin la guérison de la maladie de l'homme ; dès lors que se produira cette guérison, finira la « pensée logique », qui, non seulement fait partie de la maladie, mais la dissimule et l'entretient.

82

Que la Réussite ne se puisse qu'en guérissant de l'homme, voilà ce que la société interdit de supposer, qui fixe les hommes à la maladie de l'homme.

Personne n'échoue ; croire qu'on échoue est une insincérité.

J'avance.
J'avance en aveugle.
J'avance.
J'avance en éden.

Des milliards de morts rient aux éclats chaque fois que, renonçant à les faire apparaître, nous prétendons au succès de nos entreprises.

Guérir de l'homme.

Tolstoï m'a longtemps passionné, aujourd'hui, il ne me touche plus. Il cherchait la vie et ne la trouvait pas. Ne m'intéressent que ceux qui ont trouvé la vie, les autres (Tolstoï compris) font partie des malades de l'homme, qu'il convient de guérir en nous positionnant par-delà eux… pour ne pas être contaminés par eux.

Le nouveau-né ne veut pas plus naître que le vieillard ne veut mourir, l'un et l'autre attendent qu'on les tire de leur fâcheuse situation.

En ouvrant un livre de Juda Halévi (dont je ne sais rien, sinon qu'il est un penseur juif d'il y a plusieurs siècles), je tombe sur une multitude de pensées qui correspondent mot pour mot à celles qui m'habitent. Il me parvient alors que j'ai activé Halévi en moi et qu'il est maintenant là, extraordinairement chaleureux et vivant. Il est là, lui et pas un autre, actif dans le Secret. Le lieu, sis en moi-même, dans lequel Halévi et moi nous rencontrons, fracture « passé-présent-futur » et leur substitue un présent dans lequel tous les êtres (vivants et morts) sont vivants. Je me sens Un avec cet homme d'un autre siècle, il me parvient par ses dits et se met à vivre en moi. Et surtout, Halévi établit avec moi une complicité spirituelle que je n'ai qu'avec peu de vivants : il est là et il me parle comme un intime. Il est tout aussi vivant que les plus proches de mes amis. Il est là, merveilleusement là et s'il demeure invisible, je perçois distinctement sa présence. Il est comme sorti du « passé » pour me rencontrer, tout comme, pour le rencontrer, je suis moi-même sorti du « présent ». Nous nous rencontrons dans le lieu, dans le présent du lieu, qui se tient sous le gel que sont « passé »-« présent »-« futur ». Halévi a jailli de la fracture du gel qu'a provoquée l'empathie que j'ai eue pour lui en ouvrant son livre ; il me parle, il me parle, il me parle, puis il s'évanouit, me laissant ravi de notre rencontre. La réapparition des morts, me dis-je, ce sera cela : une empathie, provoquant le dégel et le surgissement à la surface des disparus, que, vivants et morts, ensorcelés à l'homme, nous sommes tous.

J'avance.
J'avance en aveugle.
J'avance.
J'avance en éden.

L'homme est tout à la fois le maléfice et le possédé du maléfice ; tant que nous demeurerons rivés à lui, nous nous maintiendrons dans le maléfice et n'entendrons pas que l'homme nous assigne au maléfice.

Trouver la vie par-delà l'homme, la trouver par-delà le maléfice qu'est l'homme ; ce n'est que depuis la vie, retrouvée par-delà l'homme, qu'il devient possible d'éteindre le maléfice et d'en délivrer les hommes.

Deux sortes de vieillards : ceux en pleine forme, ceux dans un état lamentable. Les uns et les autres vivent dans l'anxiété, les premiers parce que leur pleine forme leur fait entendre qu'ils vont mourir d'un instant à l'autre, les seconds parce que, bien qu'ils ne soient pas en mesure de l'entendre parce que trop entamés par la vieillesse, ils n'en sont pas moins en train de mourir.

Le lecteur doit manifester une inspiration égale à celle de l'écrivain ; s'il est inférieur en inspiration à l'écrivain, il est inférieur au livre et il passe à côté du livre.

Les « mystiques », qui prétendent que le Divin est partout, sont des mystificateurs ; le Divin est nulle part et c'est dans la connaissance qu'Il est nulle part qu'est déposé le pouvoir non de le contempler mais de le susciter.

Le contraire de la foi n'est pas le doute mais la peur du ridicule.

Sholem : il cherche le paradis et il ne le trouve pas ; à le trouver, il eût entendu qu'en le trouvant, le premier Juif a provoqué la guérison de la maladie de l'homme qu'est le monde et enclenché la restitution de tous les hommes au paradis.

Guérir de l'homme.

Pour échapper à la déception, les gens n'attendent rien des autres, mais ils n'échappent pas par là à la déception, ils y succombent, tout au contraire.

Eût-il été juste, Job n'eût pas demandé à Dieu la « justice » mais la disparition de la justice : c'est alors qu'il eût retrouvé ses filles ; la « justice » est l'idole qui s'interpose entre Dieu et l'homme.

C'est parce qu'ils sont habités de l'éden – dont ils nient l'existence parce qu'ils sont malades de l'homme – que les « nihilistes » ont les moyens d'être des « nihilistes » : même Nietzsche est un édénien, malade de l'homme.

Nietzsche : il manque l'éden qui est le seul par-delà le bien et le mal.

J'avance.
J'avance en aveugle.
J'avance.
J'avance en éden.

Lorsque nous parlons du « néant », de l'« absurdité de tout », nous ne parlons ni du « néant » ni de l'« absurdité de tout », mais, sans nous en douter, de notre échec à récupérer la conscience de l'éden.

83

Le « nihilisme » : la maladie de l'homme.

J'avance.
J'avance en aveugle.
J'avance.
J'avance en éden.

Faire exister l'éden en activant en nous la connaissance que l'éden est partout.

Une écriture simple, naïve, qui dessine la métaphore du lieu, à l'intérieur duquel tous les êtres, moi-même compris, vivent à jamais.

André (Schwartz-Bart) : le plus merveilleux des amis. Un diamant.

Le seul argument valable contre la peine de mort : en condamnant à mort, même le plus grand des assassins, tu suscites ta propre mort.

Si le théâtre divertit, c'est parce qu'il dissimule que le monde, dont il fait partie, est une fiction.

Une sexualité heureuse est incompatible avec l'ennui.

Guérir de l'homme.

La maladie de l'homme : une peur du ridicule qui assigne au Meurtre.

J'avance.
J'avance en aveugle.
J'avance.
J'avance en éden.

On n'avance qu'en pesant de toute sa légèreté sur le point où l'on va.

Est réel ce qui est bon pour moi, est fictif ce qui m'est néfaste.

Tout se résume à ceci : contact et faux contact ; et qu'est la mort sinon un faux contact ?

Le contraire de la foi n'est pas l'incroyance mais la peur du ridicule.

Guérir de l'homme.

L'homme : humilié et rendu fou par la lecture qu'il fait de sa nature édénique, depuis la maladie de l'homme, qui établit en impossible sa nature édénique.

J'avance.
J'avance en aveugle.
J'avance.
J'avance en éden.

La contradiction de l'homme : s'enorgueillissant d'être un homme, il en est humilié, sachant secrètement que l'homme est en lui la maladie d'un édénien ; maladie dont il ne cherche pas à guérir parce que ne pouvant pas admettre qu'il en est atteint.

84

La société ne fait pas des Vivants mais des fantômes : des « hommes », des « femmes ».

J'avance.
J'avance en aveugle.
J'avance.
J'avance en éden.

Nous établissons la frontière qui sépare le « puissant » du « misérable » mais cette frontière nous abuse : les puissants ne sont pas des puissants, les misérables ne sont pas des misérables ; en faisant des « puissants » et des « misérables », la société fait des fantômes.

À quoi se résume la « société » ? À des privilèges accordés aux uns, refusés aux autres ; à l'interdiction de manifester ce que l'on a de meilleur ; à l'adoration de la pesanteur ; à l'assignation à la pénurie ; à l'interdit d'éden, qui plonge et maintient dans l'état d'homme – de fantôme, de disparu… –, l'édénien qu'est chacun.

Guérir de l'homme.

Le palace n'offre pas le luxe mais l'amnésie : il doit faire oublier au client qu'il est un homme ; rien n'est plus néfaste à la réputation d'un palace qu'une verrue sur le nez d'un maître d'hôtel.

J'avance.
J'avance en aveugle.
J'avance.
J'avance en éden.

Nous ne réagissons pas au spectacle de la misère parce que les misérables, tout comme nous-mêmes, sont des fantômes. Comment être émus par des fantômes ? Impossible ! Impossible ! Et il en ira ainsi tant que nous ne nous serons pas rendus réels.

85

Salomon : « La Guerre. On prend conscience qu'on est dans un nouveau monde et on s'y adapte, plus qu'une information sur la violence, la guerre est une information sur l'aptitude à s'habituer. On s'habitue à tout mais en disant cela, on n'a rien dit, les choses sont plus énigmatiques, plus complexes : qu'est-ce qu'une habitude ? Une adaptation ou l'illusion d'une adaptation ? »

« Tout comme le malade, le soldat est dans un nouvel état (la « guerre »), mais cela ne veut pas dire qu'il est différent de ce qu'il était avant, il est toujours le même mais précipité dans de nouvelles conditions d'existence. »

« Le plus étrange de la guerre, c'est qu'on peut s'y installer et y rester normal ; rester normal dans une situation anormale, c'est cela la guerre, mais c'est peut-être cela aussi la paix, tout au moins dans les conditions invraisemblables auxquelles les hommes sont assignés par la condition humaine. »

« La guerre ne se peut pas sans un certain nombre d'illusions, elle est une modalité de la vie et la vie ne se peut pas sans illusions. Qu'est-ce que l'illusion ? Tout ce qui rend la vie supportable alors qu'elle est insupportable, tout ce qui la rend vivable alors qu'elle est invivable. »

« Croire qu'on peut supprimer les atrocités de la guerre sans supprimer la guerre, est une naïveté car la guerre n'est qu'atrocités. Mais ces atrocités comportent une révélation : elles précipitent le soldat, dans la guerre même, par-delà la guerre, c'est pour cela qu'il y a des passages entre la guerre et l'autre monde, des passages secrets que les combattants cherchent et trouvent d'instinct. Des passages qui débouchent sur des merveilles. »

« Le soldat ne fait pas la guerre pour faire la guerre mais pour trouver la vie, au secret de la guerre : dans les cadavres qui s'accumulent, il ne voit pas des cadavres mais la vie, en attente de lui, au secret des cadavres. »

« Les soldats morts à la guerre. On les croit morts à jamais parce qu'on croit que la guerre est un événement extérieur à eux, qui les a engloutis, mais la guerre est un événement en eux, elle n'est pas un événement de leur dehors mais un événement de leur dedans ; c'est en eux et non dans un dehors que la guerre s'est déroulée ; et s'ils sont "morts à la guerre", il faut ajouter que, la guerre s'étant déroulée en eux, eux ne sont pas morts. »

« Le seul moyen de mettre fin à la guerre est de mettre fin à la maladie de l'homme : transmuter les hommes en édéniens. »

Guérir de l'homme.

86

Un homme de 95 ans :

« J'irais mieux si j'allais plus mal, je serais en effet moins conscient de mon invraisemblable situation, malheureusement, je suis en pleine forme. »

« Je touche mon bras plusieurs fois par nuit, pour vérifier que je suis bien vivant. »

« Quand elle me trouvera mort, j'ai demandé à ma femme de m'en avertir mais elle ne le fera pas, pour m'épargner un choc ! Imagine-toi que je sois mort et que je ne le sache pas : ce serait terrible ! »

« Tout le monde trouve normal que je meure ; si normal qu'il m'arrive à moi-même de trouver que cela est en effet normal, malheureusement cela ne correspond en rien à ce que je ressens, je ressens que ce n'est pas normal, pas normal du tout, que c'est monstrueux. Je suis victime d'une monstruosité. »

« J'ai beau crier, personne ne m'entend ! Même mes proches ne m'entendent pas ! »

« Changement pour changement, il me serait plus facile d'être changé en nouveau-né qu'en nouveau-mort... mais la tombe est le berceau que l'on me destine. »

« Le respect manifesté au vieillard n'est pas fait pour honorer le vieillard mais pour se débarrasser de lui ; on honore le respect et non pas le vieillard. »

« Je n'ai pas quatre-vingt-quinze ans, ce sont les gens qui les ont : j'ai vingt ans. En me donnant mon âge, les gens m'assassinent. »

« Je suis installé sur un tonneau de dynamite qui va exploser d'une seconde à l'autre ! »

« Ce que la vieillesse a d'affreux, c'est qu'elle s'en prend à des vieillards ! »

87

« J'ai de lui un portrait un peu effacé, où, du haut d'une ample cravate, il crispe dédaigneusement de minces lèvres rasées. Le front est large, puissant et têtu ; il caractérise admirablement et fait deviner l'homme de loi rigide, inflexible, nourri du vieux droit romain, et dont les lectures ont appris à aimer cette chimérique Sparte qui tourna tant de cervelles de 89 à 94. Sur la blancheur de la mousseline nouée repose un menton maigre, carré, volontaire. L'œil est vif, perçant, au regard aigu. C'est Antoine Louis Albitte, l'aîné. Avant la tourmente, les rues de Dieppe l'ont vu passer, maigre et droit, serré dans son habit noir d'avocat, la tête haute, ainsi qu'il la porta toujours, même sur les bancs de l'Assemblée législative où le département de la Seine-Inférieure l'envoya siéger en septembre 1791.

« Son nom est aujourd'hui presque inconnu. Cette figure dont la froideur un peu empruntée se rapproche un peu de celle de Robespierre, l'avocat d'Arras, est à peu près oubliée, et le hasard d'une signature anguleuse et sèche au bas d'un décret, seul en fait souvenir encore. Pourtant son nom fut mêlé à tous ceux qui faisaient l'objet des polémiques politiques en 1792. Le 10 août le trouva parmi les Jacobins enragés, et c'est au lendemain de ce jour qu'il se passa un fait qui, rapproché de celui que nous allons relater, place cette curieuse physionomie, ordinairement négligée, dans un jour spécial. Alors que l'écho résonnait encore des coups de feu de la veille, que l'Assemblée, surprise de sa victoire inattendue, hésitait encore au seuil de l'inconnu où la violence des événements allait l'entraîner, Albitte monta à la tribune et, dans un âpre discours, réclama le renversement des statues des rois de France de leurs piédestaux, afin d'y placer l'image de la Liberté. Quelle image ? On ne sait.

« L'essentiel, c'est qu'elle fut proposée.

« Cette proposition semble le hanter jusqu'à ce jour. On dirait que cet avocat a la haine des statues royales. Il les trouve dans les parcs, il les chasse du portail des églises. Plus de statues ! Il les soufflette du décret de la Convention relatif aux images de la Royauté, et elles tombent brisées.

« Cela pourtant ne le satisfait guère, paraît-il. Le triomphe de la Montagne assuré, il se fait envoyer avec Dubois-Crancé dans les départements, en mission auprès des armées. Lyon, Marseille et Toulon le voient successivement passer, ceinturé en tricolore, des plumes noires au chapeau, rigide comme la loi qu'il représente. C'est là que le surprend le 21 janvier de l'année 1794. Il veut marquer ce jour anniversaire de l'exécution du tyran Capet d'une fête solennelle, et ce qu'il imagine est assez stupéfiant.

« À l'aube de ce froid matin de Ventôse, des troupes sont engagées en bataille, autour de la guillotine, derrière leurs rangs serrés se tient le peuple, curieux du spectacle qu'Antoine Albitte lui offre.

« Alors, sur la place, débouche un cortège guerrier à la tête duquel marche le conventionnel. Les tambours roulent ; sur le pavé sec sonne le glas des soldats, et parmi tout ce bruit militaire, grince le son sourd des charrettes chargées de victimes. Elles sont là, debout, immobiles, comme glacées dans ce froid matin où le ciel semble chargé de neiges ; appuyées aux ridelles de la charrette, elles sont d'une pâleur de cire... De cire ? Certes, ce ne sont là que des statues costumées, des mannequins aux "masques" "imitant" eux des "despotes", des "tyrans", des souverains de l'Europe. Le roi de Prusse est là. Le frère de l'Autrichienne est là ; celui dont Pitt est le laquais est là ; tous sont ici debout sur la charrette symbolique. Arrivés au pied de la guillotine, les aides s'empressent, descendent les figures de cire et l'une après l'autre, tandis que le peuple crie : "Vive la nation !", tandis que grondent les tambours, tombent ces têtes inanimées qu'une vessie gonflée inonde de sang animal. C'est ainsi qu'Albitte célébra l'anniversaire du régicide. Je ne sais s'il renouvela l'expérience plus tard, mais la chose est douteuse. Cependant, quelques mois après cette exécution en effigie, il s'en prit une nouvelle fois à une statue. C'était celle de la ville de Toulon rebelle, figurée par une femme. Il ne la jugea pas digne de la fille de Guillotin et y mit le feu » (Hector Fleichmann, *Anecdotes secrètes sous la Terreur*).

En représentant à Toulon, avec un extraordinaire luxe de détails, les exécutions des grands personnages exécutés sous la Terreur, Antoine Albitte ressent-il obscurément que, par-delà le monde représenté (le « monde ») – qui, en représentant les êtres, dément qu'ils sont des uniques et leur donne l'aspect de l'« homme » –, les êtres sont des uniques et, à ce titre, indestructibles ? Ressent-il que les exécutions des grands personnages exécutés sous la Terreur, qui établissent que ces grands personnages ne sont ni des uniques ni indestructibles – tout comme partout le fait le monde –, sont… fictives ? Que, dans leur véritable lieu qu'est l'éden, présent au secret du monde représenté, fictif, les « exécutés », tout comme lui-même, sont Vivants ?

Avons-nous affaire à une histoire fausse qui nous cache la véritable histoire, laquelle, se déroulant dans le Secret jusqu'à ce qu'elle émerge, consisterait en la transmutation des hommes, que nous ne sommes pas, en les édéniens que nous sommes ?

88

    Juifs et Hommes devront se réconcilier mais ils ne pourront le faire qu'à la condition que l'édénien, malade de l'homme, qu'est l'homme, guérisse de l'homme. Sans cette guérison, qui provoquera la transmutation des hommes en édéniens, le conflit entre Hommes et Juifs prévaudra parce que l'Homme n'admettra pas que seul le Juif soit un guéri de l'homme.

    Même Hitler se réconciliera avec les Juifs à l'instant où il guérira de l'homme.

    Rien ne se passe.

    Guérir de l'homme.

    La grande santé des Grecs : leur ignorance que la santé est la maladie.

    André Schwartz-Bart. Il était relié à Dieu par-delà Dieu et c'est l'intuition que Dieu se tient par-delà Dieu qui expliquait sa révolte, sa transversalité et son attente. Il ne croyait pas « en » Dieu : il croyait. C'est du moins ce que j'ai toujours pensé et sur quoi lui-même n'était absolument pas d'accord.

    Crier la Vérité bonne à chacun (l'Éden), qui ne se peut pas, qui cependant est.

Les livres : non seulement leurs auteurs (même morts depuis des siècles) vivent en eux mais vivent en eux leurs lecteurs.

Poète, qui manifeste par tout ce qu'il est, qu'il est au paradis.

Plus je suis juif, plus je suis connecté à tous.

L'échec de Moïse à entrer en Terre promise : l'échec d'un échec parce qu'il participe de la Réussite, qui se dévoilera à la fin.

La souffrance n'a aucun sens ; c'est parce que nous lui accordons un sens, que nous sommes incapables de constater l'Exil et de lui fausser compagnie.

En célébrant leur union avec la vie, définie comme « nécessité cosmique », les mystiques croient célébrer la vie. Si cependant, la vie est l'éden, présent par-delà toute nécessité, l'union avec la vie, des mystiques, est une négation de la vie.

J'avance.
J'avance en aveugle.
J'avance.
J'avance en éden.

Les gens font tout le contraire de ce à quoi ils aspirent parce qu'ils ont l'intuition secrète qu'ils font tout de même ce à quoi ils aspirent en faisant le contraire de ce à quoi ils aspirent : ils font des enfants pour mettre fin à la génération ; ils tuent pour mettre fin à la mort. Plongés dans le meurtre et dans la mort, ils n'en restent pas moins des édéniens en éden, travaillant à rebours de ce qu'ils font, à retrouver l'éden.

Nous extraire de la mort. Tout autre enjeu est le vice qui nous maintient dans la mort.

La croyance mensongère et rassurante que la vieillesse est l'aboutissement d'une vie accomplie, n'existe plus : les jeunes délaissent les vieux, ils veulent échapper à l'image d'eux-mêmes que leur donnent les vieux car ils sentent que cette image est fausse. Ils reprochent aux vieux, sans être en état de le formuler, d'admettre d'être des « vieux » et de les pousser, par l'exemple qu'ils leur donnent, à jouer le rôle de l'homme qui fera d'eux des « vieux » en les détournant des édéniens qu'ils sont.

Nous passons à côté de nos vies, comme nous passons à côté du Messie.

Si nous voulons douter de tout, commençons par douter du « rien ».

Plus quelqu'un touche à l'éden, plus il disparaît au regard des autres.

Guérir de l'homme.

« Il y a lieu de nous rappeler ici les renseignements confus et obscurs que Wandt a donnés sur la double signification du mot tabou : sacré ni impur. Primitivement, dit-il, le mot tabou ne signifiait ni sacré ni impur : il désignait tout simplement ce qui était démoniaque, ce à quoi il ne fallait pas toucher. Il faisait ainsi ressortir un caractère important commun aux deux notions, ce qui prouverait qu'il existait au début, entre ces deux domaines, une affinité, voire une confusion, qui n'aurait cédé que peu à peu et beaucoup plus tard, la place à la différenciation » (Freud, *Totem et tabou*).

J'avance.
J'avance en aveugle.
J'avance.
J'avance en éden.

« La force magique, attribuée au tabou, se réduit au pouvoir qu'il possède d'induire l'homme en tentation ; elle se comporte comme une contagion, parce que l'exemple est toujours contagieux et que le désir défendu se déplace dans l'inconscient sur un autre objet.

« L'expiation de la violation d'un tabou par une renonciation prouve que c'est une renonciation qui est à la base du tabou » (Freud, *Totem et tabou*).

Les gens mariés ne se supportent qu'à la condition de s'interdire d'être des édéniens.

Dissocier la souffrance subie, de la croyance que nous sommes faits pour la subir.

Tous les crimes devraient être estimés comme résultant non de la nature du criminel mais de l'intoxication à l'homme, de l'édénien qu'est le criminel.

Méfiez-vous de celui qui est prêt à tout pour admirer, il déclarera admirables même les choses les plus abjectes parce que, toxicomane de l'admiration, il fera des choses, même les plus abjectes, son produit.

Guérir de l'homme.

Suspendons nos activités : nous découvrirons, ce que nous cachent nos activités, que nous sommes en train d'être transmutés en édéniens.

Nous croyons faire du sur-place mais nous avançons en éden.

André (Schwartz-Bart). S'il avait admis qu'il croyait en Dieu, il n'eût pas pu élever jusqu'à Lui le cri qu'il poussait contre la Shoah. Il ne voulait pas, faussant son témoignage, alléger le malheur juif par sa croyance en Dieu. La Shoah était pour lui un indicible et cependant il l'avait criée dans son immense livre. Dieu semblait absent du témoignage qu'il rendait au malheur juif mais Il y était présent parce que confondu avec ce malheur.

J'avance.
J'avance en aveugle.
J'avance.
J'avance en éden.

En cédant devant le nazisme, le « bien » a montré qu'il n'était pas le bien, qu'il faisait partie du mal ; pour nous débarrasser des nazismes, il nous faut nous débarrasser du mal mais aussi du bien.

89

Nous croyons que tout se passe dans la pesanteur et tout se passe dans la légèreté, présente au secret de la pesanteur.

La Chute : la perte de la connaissance que l'on est un édénien.

À bâillonner quelqu'un trop longtemps, le bâillon devient sa bouche et il retrouve la parole.

Il est très facile de concevoir et d'intégrer l'inéluctabilité de la résurrection des morts dès lors que l'on comprend et intègre que tout vivant étant un suscité, il est aussi miraculeusement vivant que le serait un ressuscité.

Tout ce qu'ils réprouvent chez les autres, ils le font.

André (Schwartz-Bart). Il vivait à Pointe-à-Pitre et ne venait plus à Paris car il était malade et nous communiquions par téléphone. Quelques semaines avant sa mort, il m'avait dit qu'il allait mieux et qu'il me rendrait bientôt visite. Je l'attendais quand on m'apprit sa mort.
Dans l'une de nos dernières conversations, il m'avait dit (ce qui m'avait terriblement touché) : « Les moments passés chez ta vieille mère et sur ta péniche, comptent parmi les plus précieux de mon existence. »

J'avance.
J'avance en aveugle.
J'avance.
J'avance en éden.

L'écrivain : il est le livre dont ses livres sont les chapitres.

La « justice » : le gel qui, suscité par la maladie de l'homme, s'interpose entre le paradis et l'édénien qu'est l'homme et pétrifie le paradis.

Il a changé d'opinion ? Non ! Il a changé de place dans le fantasme de la mort.

Le pouvoir de provoquer l'émergence de l'éden est présent au secret de tout homme.

La Parole est le seul acte ; les actes ne sont actifs que parce qu'ils sont des manifestations de la Parole.

Les autres existent, mais ils n'existent pas en eux, ils existent en moi.

Dès lors qu'elle procède d'une cause extérieure à soi, l'audace est une servilité ; elle n'est audace qu'*ex nihilo*.

L'écriture aphoristique : elle ne quitte jamais le moi, elle colle à lui. Elle tend à retrouver la langue de l'éden.

J'avance.
J'avance en aveugle.
J'avance.
J'avance en éden.

« Le salut concret prend la forme d'une destruction accélérée mais ce n'est pas le Mal, c'est le Bien qui est manifestement aux commandes de la locomotive-suicide » (Guido Ceronetti).

90

Bien que l'éden soit présent au secret du monde, l'éden et le monde sont inconciliables. Si un seul atome du monde était conciliable avec l'éden, mêlé au monde, l'éden serait une figure du monde et consacrerait la maladie de l'homme qu'est le monde. Mais n'étant pas mêlé au monde, l'éden, présent au secret du monde, grâce aux Juifs qui y sont connectés, bénéficie du prodigieux pouvoir de provoquer l'implosion du monde et de guérir les hommes, de la maladie de l'homme, en les éjectant du monde.

Il y a un télescopage constant entre le monde et l'éden ; si on réussit à lire ce télescopage selon l'éden et non selon le monde, on entend qu'en se heurtant au monde, l'éden, rendu actif par les Juifs, travaille à faire disparaître la maladie de l'homme qu'est le monde, sur laquelle se découpe une histoire fausse (l'Histoire), qui nous cache l'éden.

91

L'Harmonie : elle tient compte de chacun, bien que seuls les Juifs et les Justes des nations, tiennent compte d'elle.

Nous cherchons l'Harmonie et nous ne la trouvons pas parce que nous la cherchons dans le monde, qui est la maladie de l'homme ; nous la trouverions cependant, si, échappant à la maladie de l'homme, nous abandonnions le monde.

Dieu : l'Harmonie.

Dieu n'est Dieu qu'à la condition qu'Il ne soit pas mêlé à la maladie de l'homme qu'est le monde, ce qui demande que même Son Nom soit imprononçable ; dès lors que son Nom est prononcé, nous mêlons Dieu au monde et Il devient partie de la maladie de l'homme qu'est le monde : une idole ! Seul a le droit de prononcer le Nom de Dieu, à voix basse, une fois l'an, dans le Temple, le jour du Grand Pardon, à l'intérieur du Saint des Saints, le grand prêtre de Jérusalem. Il doit le faire en étant conscient que, même lui, même avec les prudences dont il s'entoure, en prononçant, même à voix basse, le Nom de Dieu, il commet une idolâtrie car il mêle Dieu à la maladie de l'homme qu'est le monde. Mais cette idolâtrie infime est indispensable pour faire exister l'Énergétique de l'Éden qu'est Israël, qui guérit les hommes de la maladie de l'homme.

« Je Suis... *ne pas* » déclare Dieu à Moïse, révélant à Moïse qu'Il est le moment d'une guérison de la maladie de l'homme qu'est le monde, impossible à saisir dans les catégories du monde. Dieu *sera* lorsqu'ayant disparu, le monde, qui occupait Sa place, laissera la place à Dieu ; jusqu'alors, Dieu... n'*est pas* et il convient de perdurer dans la connaissance qu'Il... n'*est pas*, pour le lire, non comme Présence mais comme moment de la guérison de la maladie de l'homme qu'est le monde.

Dieu : un anti-monde (un éden). C'est parce qu'il est un anti-monde (un éden) qu'Il est Dieu ; connecté au monde par les Juifs, Il ne se confond cependant pas avec la maladie de l'homme qu'est le monde mais provoque sa disparition.

Dieu n'est pas le Dieu des hommes mais le Dieu des édéniens.

92

Nous ne sommes pas dans la vie mais dans la vie empoisonnée par la maladie de l'homme ; et nous y resterons aussi longtemps que nous ne guérirons pas de l'homme.

L'« Humanité » tend à devenir visiblement, ce qu'elle est : un délire d'édéniens.

La Vie jaillira brusquement, en un seul instant, sans que rien ne le laisse prévoir parce que du point de vue du monde, qui se donne pour la Vie et qui est la maladie de l'homme, la Vie ne se peut pas, bien qu'elle soit là.

Chaque homme, par la maladie qui le fait homme au lieu d'édénien, propage la pandémie qui contamine à l'homme, tous les hommes.

Nous n'avons pas affaire au nazisme mais au nazisme qu'est l'homme et c'est du nazisme qu'est l'homme que nous devons guérir.

93

J'avance.
J'avance en aveugle.
J'avance.
J'avance en éden.

Le monde : il est, en ceci qu'il… n'est pas, il est, en ceci qu'il est une fiction – la maladie de l'homme –, érigée par l'homme en éden.

J'avance.
J'avance en aveugle.
J'avance.
J'avance en éden.

Le monde peut finir, il n'est pas infini : il finit là où un homme le parcourt et constatant qu'il a des limites, les franchit et pénètre dans son par-delà, le monde alors laisse la place à un lieu dans lequel tout est possible, qui n'a plus rien à voir avec le monde.

J'avance.
J'avance en aveugle.
J'avance.
J'avance en éden.

Le monde : la maladie de l'homme. Il affecte tout. Absolument tout ; mais bien qu'affectant tout et érigeant l'éden en impossible, il ne peut pas faire que l'éden, présent en son secret, ne le démente en tout.

94

« Le monde, qui est un lieu désespérant pour le Juif d'après Auschwitz, devient de plus en plus désespérant pour tous les hommes. L'espoir est englouti par le désespoir, l'amour par la haine, le commandement par la permissivité, et le spectre d'un holocauste nucléaire n'est pas loin des esprits » (Émile Fackenheim).

J'avance.
J'avance en aveugle.
J'avance.
J'avance en éden.

Le nazisme ne dément pas l'homme mais le dévoile.

J'avance.
J'avance en aveugle.
J'avance.
J'avance en éden.

Dieu Saint (« Qados » en hébreu) : Saint non pas parce que « transcendant », mais parce qu'Il est tout ce que ce monde n'est ni ne peut être : un Par-delà le monde dans lequel tous les hommes sont Un, qui révèle que le monde est la maladie de l'homme, attrapée par l'homme en éden.

Auschwitz : la maladie de l'homme, partout présente, dont même la mort fait partie.

95

Les Juifs : des guéris de l'homme. Ils forcent les hommes à guérir de l'homme, ce dont les édéniens malades de l'homme que sont les hommes, parce qu'ils sont malades de l'homme, ne veulent à aucun prix.

J'avance.
J'avance en aveugle.
J'avance.
J'avance en éden.

C'est la lutte entre l'édénien qu'est l'homme et l'homme que l'homme prétend être, que les Juifs déclenchent et activent en l'homme, afin de provoquer la transmutation de l'homme en édénien.

Guérir de l'homme.

Aucun homme ne peut subsister dans l'état d'homme, dès lors que son édénéité est posée en lui ; l'état d'homme est attaqué comme par un acide par son édénéité.

J'avance.
J'avance en aveugle.
J'avance.
J'avance en éden.

Le Juif pose l'antagonisme entre l'homme et l'édénien qu'est l'homme, dont l'homme ne veut entendre parler à aucun prix, bien qu'il soit un édénien.

Guérir de l'homme.

En se posant comme édénien, c'est l'homme, que le Juif récuse et désigne comme la maladie d'un édénien, le forçant à se transformer en édénien.

J'avance.
J'avance en aveugle.
J'avance.
J'avance en éden.

Dès lors que son édénéité est activée, l'homme ressent qu'il est un édénien malade de l'homme. Son édénéité le force alors à se transformer en édénien et il ne fait plus, quoi qu'il fasse, que se saturer comme homme et se transformer en édénien.

J'avance.
J'avance en aveugle.
J'avance.
J'avance en éden.

Le principal événement de notre existence se déroule dans le Secret, il consiste en la chimie de l'éden qui provoque la transformation de l'homme, que nous croyons être et ne sommes pas, en l'édénien que nous sommes ; même les « morts » sont pris par la chimie de l'éden, qui les défait comme « morts » et les refait comme Vivants.

J'avance.
J'avance en aveugle.
J'avance.
J'avance en éden.

L'*autre* justice : elle aspire tout ce qui semble relever d'un jugement comme pour rendre un jugement, mais elle provoque la disparition des tribunaux, casse les jugements et précipite dans un lieu-sans-mort (l'éden), dans lequel même les assassins sont des édéniens.

96

L'homme : il n'aspire qu'à se transmuter en édénien mais il échoue parce qu'il ne le veut pas suffisamment et il en est mortellement humilié : il manifeste et dissimule dans l'antisémitisme sa honte de ne pas, comme les Juifs, oser être l'édénien qu'il est. Il persécute les Juifs pour les rejoindre.

J'avance.
J'avance en aveugle.
J'avance.
J'avance en éden.

Il est tout aussi impossible à l'homme d'être homme que d'être juif. Il lui est impossible d'être homme parce qu'il est un édénien, il lui est impossible d'être juif parce qu'il manque de l'audace d'être l'édénien qu'il est.

J'avance.
J'avance en aveugle.
J'avance.
J'avance en éden.

L'homme. Il veut et ne peut pas être juif. Il ne le peut pas parce qu'il ne le veut pas assez. Ne pas pouvoir vouloir assez être Juif, c'est cela la maladie de l'homme.

J'avance.

J'avance en aveugle.
J'avance.
J'avance en éden.

L'étoile jaune : l'étoile mise à l'éden, dont les Juifs sont l'énergétique, pour interdire que ne se propage la révélation de l'éden.

97

Le Juif occupe l'éden, ce pourquoi il est, de tous les êtres, le plus exposé aux hommes et le moins atteignable par eux.

J'avance.
J'avance en aveugle.
J'avance.
J'avance en éden.

La grande force du Juif : il n'est pas un homme mais un édénien. Il échappe à ce monde et avance dans l'autre monde. La menace qui l'entoure est la réfraction sur lui de l'ensorcellement qu'est le monde, ensorcellement auquel il échappe en occupant l'autre monde ; ce qui lui arrive, même de terrible, est récusé par l'autre monde.

J'avance.
J'avance en aveugle.
J'avance.
J'avance en éden.

Vouloir et ne pas pouvoir être juif, là est l'échec qui livre l'homme à la maladie de l'homme.

J'avance.
J'avance en aveugle.
J'avance.

J'avance en éden.

La Shoah : un dévoilement de la maladie de l'homme, à l'intérieur de laquelle se déroule l'« Histoire universelle », tout entière fantasmatique.

98

Même la Shoah n'a pas pu rompre l'unité que les édéniens que sont les hommes forment en éden ; même elle n'a pas pu faire que les nazis et les Juifs ne fussent pas Un en éden tandis même que les nazis assassinaient les Juifs.

Leslie m'entretient de son beau-père, un ancien déporté, mort il y a dix ans, dont elle était la confidente. Tout comme moi, il a basculé, à la suite d'une épouvantable crise, dans la révélation de la maladie de l'homme qu'est le monde. Trouvé Dieu non dans le monde mais au secret du monde, en découvrant que le monde est un fantasme développé par l'homme, en éden : en découvrant que le monde… n'est pas ; que les événements du monde, même les plus terribles (la Shoah) ne… sont pas ; qu'ils sont terribles… parce qu'ils ne sont pas ; qu'ils cesseront d'avoir été lorsque le monde, fictif, s'évanouira ; que les tués de la Shoah (ainsi que tous les tués de l'Histoire) sont vivants, en éden, au secret du monde ; qu'ils réapparaîtront à l'instant de la disparition du monde, qui provoquera la réapparition de l'éden. Leslie me cite même une phrase de son beau-père, qui se trouve aussi, mot pour mot, dans mes écrits : « La Shoah est un théâtre duquel sortent vivants ceux qui meurent sur la scène de ce théâtre. »

99

La fille de Frank Stangl, le commandant du camp de concentration de Treblinka : « Tout ce que je veux dire, expliqua-t-elle, comme dans un souffle, cette nuit-là dans la voiture, c'est que j'ai lu ce qui a été écrit sur mon père. Mais rien – rien au monde – ne me persuadera qu'il ait jamais rien pu faire de mal. Je sais que ce n'est pas logique ; je sais tout ce qui s'est dit au procès ; et je sais maintenant ce qu'il vous a dit à vous. Mais c'était mon père, il me comprenait. Il a été à mes côtés dans mes plus mauvais moments et, quand j'ai cru que ma vie était ruinée, il m'a sauvée. Il m'a dit une fois : "Rappelle-toi, rappelle-toi toujours, si jamais tu as besoin d'aide, j'irai au bout du monde pour toi." Eh bien, quand il est mort à Düsseldorf, je venais d'être opérée, mais j'ai décidé que ce serait moi qui prendrais l'avion pour le ramener au Brésil – près de nous – pour y être enterré. Moi aussi j'irai au bout du monde pour lui – aller en Allemagne, c'était cela pour moi. J'espère qu'il le sait là où il est maintenant. Je l'aime. Je l'aimerai toujours » (Gitta Sereny, *Au fond des ténèbres*).

Existe-t-il un lieu dans lequel la maladie de l'homme qu'est le monde, dont les crimes font partie, s'évanouit ? Dans lequel les crimes cessent d'avoir été commis ? Dans lequel les assassins cessent d'être des assassins ? Dans lequel l'acte de foi que la fille de Frank Stangl fait à son père, le commandant du camp de concentration de Treblinka, responsable de la mort de neuf cent mille personnes, est justifié ?

Non pas que nazis et déportés s'équivalent mais que leur antagonisme n'existe que dans la maladie de l'homme qu'est le monde et n'existe pas dans l'éden, présent au secret du monde. Non pas que la Shoah ne soit pas une épouvante, mais qu'il existe non pas une mais deux vérités : la vérité de la maladie de l'homme qu'est le monde, dans lequel nazis et déportés sont à jamais des nazis et des déportés et la vérité de l'éden, dans lequel nazis et déportés sont Un dans la vie retrouvée.

Le Grand Pardon : l'atteinte d'un positionnement mental qui révèle que, par-delà le monde, métaphore de la maladie de l'homme, il n'y a ni « vivants » ni « morts », ni « bourreaux » ni « victimes » mais des édéniens en éden. Non un pardon moral mais une Guérison. Réconciliation de Stangl et de ses victimes.

100

Ce que nous voyons, ce n'est pas l'édénien, c'est l'homme et cependant l'édénien qu'est chacun est toujours là, bien vivant, démentant l'homme et informant tous les comportements.

Guérir de l'homme.
J'avance.
J'avance en éden.

Là où nous voyons un « homme » (à commencer par nous-même !), nous voyons tout, sauf un édénien et nous en induisons, tandis que nous sommes des édéniens, que les édéniens, que nous sommes, n'existent ni ne peuvent exister : ce qui a pour effet de nous rendre fous.

Guérir de l'homme.

« La vue de l'homme l'a rendu fou ! » avait dit, pour expliquer Hitler, le génial Edouard Welfling, quelques jours avant de se suicider.

Le « nazisme » : un délire d'édéniens.

J'ai guéri de l'homme et je suis parvenu à un lieu (l'éden), dans lequel tout est possible ; tout ce que je puis dire, c'est que l'homme est une maladie et que l'éden se dévoile là où disparaît cette maladie.

101

Du point de vue de l'éden, le monde est, en ceci qu'il n'est pas, il est, en ceci qu'il est une fiction, une pesanteur qui n'est pas.

L'éden : un autre élément, un élément tel qu'on n'en rend aucun compte en disant de lui qu'il est un autre élément parce qu'on en fait un élément du monde alors qu'il est tout, sauf un élément du monde. Un indicible, un inconcevable, un impossible. Et cependant il est.

J'avance.
J'avance en aveugle.
J'avance.
J'avance en éden.

Un élément qui garantit notre excellence et en la garantissant, garantit que nous vivons à jamais.

Guérir de l'homme.

Un lieu que ce monde ne peut ni admettre ni enregistrer. Qui est là où le monde n'est ni ne peut être, qui est tout ce que la maladie de l'homme qu'est le monde déclare impossible, présent cependant au secret du monde ; un lieu dans lequel, chacun étant un unique, est traité comme un unique.

J'avance.
J'avance en aveugle.
J'avance.
J'avance en éden.

Un élément merveilleux, dont on ne peut rien dire, rien penser, seulement le ressentir et s'y abandonner. Lui faire confiance.

Guérir de l'homme.

102

J'avance.
J'avance en aveugle.
J'avance.
J'avance en éden.

Nous percevons en édéniens et nous pensons en hommes : nous sommes la proie du conflit entre le perçu et le conçu et nous n'éteindrons ce conflit qu'en provoquant en nous la guérison de la maladie de l'homme.

J'avance.
J'avance en aveugle.
J'avance.
J'avance en éden.

Je parcours et j'explore un pays dans lequel tout réussit parce qu'il échappe à la maladie de l'homme, de ce pays je ne puis rien dire, je puis seulement en dire qu'il est moi et que je suis lui : le *Pays-moi*.

103

*J'avance.
J'avance en aveugle.
J'avance.
J'avance en éden.*

Je ne pense pas ce que je crois penser, je n'écris pas ce que je crois écrire, je ne suis pas celui que je crois être, cependant, je suis. Par-delà ce que je crois penser. Par-delà ce que je crois écrire. Par-delà celui que je crois être. Je ne suis pas un homme, je suis un édénien.

Même *la Pensée de l'Inouï,* qui dit l'éden, dit que l'éden est impossible : elle ne se peut que d'être à elle-même son par-delà.

104

J'avance.
J'avance en aveugle.
J'avance.
J'avance en éden.

Avancer en aveugle à l'intérieur de nous-même : cécité totale qui est la foi.

J'avance.
J'avance en aveugle.
J'avance.
J'avance en éden.

Juifs non seulement les Juifs historiques mais tous ceux qui, conscients que l'éden est là, travaillent, en complétude avec les Juifs historiques, à guérir l'homme de l'homme et à provoquer la réapparition de l'éden.

J'avance.
J'avance en aveugle.
J'avance.
J'avance en éden.

Israël : l'Énergétique qui rend l'éden actif et, guérissant les hommes de l'homme, provoque la réapparition de l'éden.

105

Le vent souffle. Il se heurte aux pylônes et aux arbres et il fait entendre des cris stridents : les cris stridents des morts. Les morts crient, ils hurlent. Nulle épouvante n'habite ces cris, loin de terroriser, leur étrangeté rassure. Toute la nuit, les cris des morts font de Mitzpe-Ramon une Vallée des morts. Les cris stridents des morts. Les morts crient, ils crient qu'ils vivent.

Le chien de montagne ne daigne pas me regarder, il gravit l'escalier de ma maison et il s'installe dans le salon ; il se couche sur le flanc, étire les pattes et s'enferme dans une méditation, faisant mine de ne pas me voir ; mais il sait fort bien que je suis là et il sait tout aussi bien que je sais qu'il sait. « Les amis de mon chien sont mes amis », me dit le maître de Marlon, il me précise que Marlon est l'ami de tous les habitants de Mitzpe-Ramon et que, par conséquent, lui-même l'est aussi.

Je découvris Mitzpe-Ramon (Le Point de vue du Cratère), dans le désert du Néguev, en Israël. Sise entre Berchéva et Eilat, à mille mètres d'altitude, au bord d'un des cratères les plus larges du monde, à la beauté unique, je sus aussitôt que cette cité lunaire (trois mille habitants, venus de cent pays différents), que parcouraient les chameaux et les gazelles, que survolaient les corbeaux et les aigles, serait l'endroit depuis lequel commencerait de se propager la connaissance – indispensable pour provoquer le retour des hommes à la conscience de l'éden et l'émergence de l'éden –, qu'Israël est une Énergétique de l'Éden, à laquelle tous les hommes ont à se connecter.

106

L'éden. L'élément dans lequel nous ne sommes plus des « hommes » (des « tueurs ») mais des Vivants. Notre élément.

Guérir de l'homme.

L'éden : un élément conforme à notre nature, nous devons nous y abandonner et y avancer.

Avancer en éden. Qu'importe que nous y avancions d'abord maladroitement ? Nous avancerons lestement plus tard. Mais avançons, avançons, avançons en éden ; plus nous avancerons en éden, plus nous susciterons l'éden dans lequel nous avançons et plus, les guérissant de l'homme, nous forcerons les hommes à faire retour à la conscience de l'éden.

J'avance.
J'avance en aveugle.
J'avance.
J'avance en éden.

Faire sourdre la révélation de l'éden, à laquelle les Juifs sont connectés, non des Juifs, mais de l'éden, présent au secret de la maladie de l'homme qu'est le monde.

Guérir de l'homme.

107

« Jusqu'où, Bernard ? Jusqu'où ? » m'avait demandé Irma Van Lawick, il y a quelques années, après avoir lu *Le Complexe d'Adam*, atterrée que j'y mette en question la « vie », qui, à mon sens, est la mort et occupe la place de la véritable vie, que nous ne concevons même plus. Et aujourd'hui, Irma est « morte ». Où qu'elle soit désormais, peut-être entend-elle le pourquoi de ma mise en question de la « vie » : dans la « vie », telle qu'elle est censée être, Irma n'est plus et de même, nous tous qui « vivons », sommes des condamnés à mort. À chaque instant, dans notre proximité, un être humain s'effondre et « meurt » : est-ce la « vie » ? Est-il « naturel », ce processus de mort ? Sommes-nous aussi sincères que nous le prétendons lorsque nous ne le mettons pas en question, le célébrons même ? N'est-il pas un scandale ? Qui prétend ne pas le ressentir comme un scandale n'est-il pas un menteur ? Ne sont-ils pas tous des menteurs, oui, les hommes, qui « naissent », « vivent », « meurent » et prétendent que sont « naturelles », la « naissance », la « vieillesse », la « mort », si contraires à leurs aspirations ? Ne sentons-nous pas, au plus profond de nous-même, que la vie est « bonne, très bonne », excellente même et que la mort, qui semble démentir son excellence, consacre ce que la vie n'est pas, même si elle semble l'être ? Ne sentons-nous pas que la vie n'est pas présente dans la mort et que celle-ci met en scène une vie fausse à laquelle, mystifiés, nous donnons nos meilleures forces ? Ne sentons-nous pas que la vie, absente bien que là, pour se manifester pleinement, doit être rapatriée et que pour rapatrier la vie, mettre en question la maladie de l'homme, qui fait disparaître la vie (l'éden !), est indispensable ?... « Jusqu'où, Bernard, jusqu'où ? » Jusqu'à votre réapparition, chère, très chère Irma, jusqu'à votre réapparition !

J'avance.
J'avance en aveugle.
J'avance.
J'avance en éden.

En connectant les hommes à l'énergétique de l'éden qu'est Israël, les Juifs – et en cela consiste leur Élection –, provoquent l'implosion du monde et transforment la maladie de l'homme qu'est le monde en les moments de la guérison de la maladie de l'homme.

J'avance.
J'avance en aveugle.
J'avance.
J'avance en éden.

Qu'un peuple existe, qui tient, malgré l'hostilité générale, la position des édéniens que sont les hommes et, rendant l'éden actif, provoque l'implosion du monde et l'émergence de l'éden, c'est la garantie d'un salut général : la garantie que les hommes sont en train de guérir de la maladie de l'homme.

J'avance.
J'avance en aveugle.
J'avance.
J'avance en éden.

Lorsque les hommes, grâce aux Juifs, auront guéri de l'homme, ils redeviendront les édéniens qu'ils sont et ils retrouveront les « morts », qu'ils avaient crus morts à jamais, dont les séparait la maladie de l'homme, qui avait provoqué la disparition de l'éden et instauré en éden, la coupure vie-mort.

Guérir de l'homme.

« Et le loup habitera avec l'agneau et le tigre reposera avec le chevreau ; veau, lionceau et bélier vivront ensemble et un jeune enfant les conduira ; génisse et ourse paîtront côte à côte, ensemble s'ébattront leurs petits ; et le lion comme le bœuf, se nourrira de paille ; le nourrisson jouera près du nid de la vipère, et le nouveau-né tendra la main vers le repère de l'aspic ; plus de crimes, plus de violence sur toute ma sainte montagne, car la terre sera pleine de la connaissance de Dieu, comme l'eau abonde dans le lit des mers » (Isaïe, 11).

J'avance.
J'avance en aveugle.
J'avance.
J'avance en éden.

L'homme est l'étoile jaune mise à l'éden.

Éden

Éden, balafre du passé,
qui forces les futurs,
pris au piège de la mort
et pourtant si vivant,
tu avances dans le trou de la mort,
et l'astre noir en toi,
désigne la nuit comme un autre soleil
et le jour comme une nouvelle nuit,
toi qui fais rouler la mort
comme un rocher,
devant toi,
sans envers ni endroit,
comme un soleil noir,
voici soudain,
grâce à toi,
qui débarrasses de la mort,
l'autre Soleil.
L'Éden crie,
il crie aux hommes,
qui ne l'entendent pas,
crie,
crie,
crie que l'Éden est là,
qu'il est là depuis le commencement,
qu'il est là depuis toujours et à jamais,
que l'Éden est là, qu'il est là sous la surface,

que mauvaise, très mauvaise est la surface,
parce que gelée, gelée par les hommes gelés,
que bon, très bon,
depuis toujours et à jamais,
bon, très bon,
sous les hommes, sous la surface,
bon depuis le commencement,
est l'Éden.
L'Éden, présent sous la surface,
crie,
crie,
crie,
crie
que l'Éden est là,
son cri traverse les oreilles,
hélas,
hélas,
hélas,
les édéniens, que sont les hommes,
ne l'entendent pas.

Pourquoi cries-tu, Éden, s'ils ne t'entendent pas ? « Ils m'entendent ! Ils m'entendent ! dit l'Éden, mais ils feignent de ne pas m'entendre car ils craignent, s'ils admettent qu'ils m'entendent et que je suis là, le ridicule, étant des édéniens, de s'être changés en hommes ! »

Qu'est-ce que l'homme, Éden ? Qu'est-ce que l'homme ? « L'homme, dit l'Éden, est une maladie ! L'homme est la maladie qui fait disparaître l'Éden ! »

Qu'est-ce que l'homme, Éden ? Qu'est-ce que l'homme ? « L'homme est l'étoile jaune mise à l'Éden ! »

ISBN : 978-2-7291-1812-9

Imprimé en France
par l'imprimerie Grapho 12
12200 Villefranche de Rouergue
N° d'impression : 2009020068

En collaboration avec AGM
48, chemin du Bas des Vignes - 85770 VIX